Titel der Originalausgabe
Lovostaj. (2019)
Jesenski i Turk, Zagreb

1. Auflage 2023

www.eta-verlag.de
kontakt@eta-verlag.de
Schönhauser Allee 26
10435 Berlin

Übersetzung aus dem Kroatischen: Ivana Pajić

Lektorat: Biljana Kovač

Titelgrafik: Dragana Nikolić

Satz: Ivan Isailović

Druck und Bindung: Birograf Comp doo, Belgrade, Serbia

ISBN 978-3-949249-80-8

Co-funded by the
Creative Europe Programme
of the European Union

Monika Herceg

JAGDVERBOT.

[Lovostaj.]

Aus dem Kroatischen von Ivana Pajić

eta Verlag KONTRAST

Berlin 2023

Kćeri Kim i pjesnikinjama

Für Tochter Kim und Dichterinnen

PROLOG ZA GINOFOBE

Zmija pada u vrt noseći spoznaju
da je svemir vakuumirani balon
Jabuka je kvantizirana i nitko ne shvaća
dok Newtonu ne padne

Newtonu, što?
pita Eva punih ustiju, radeći rašlje od vlastita jezika
Misliš na to kako gravitacija rasteže svjetlo?
Pogledaj, čak i oko mog pupka okreće se planetarni
sustav
kao da je unutra cijela jabuka
I ne, bože, ne možeš me vidjeti golu

Ali ti, Adame, slobodno prekorači rijeku

Rodit ću ti, Adame,
algoritam 10/10 Apgara,
tamnu tvar, DNK strukturu,
misiju na Mjesec, kinetičku energiju
Kao djevojčica rezbarila sam eone,
ali božje usne nanijele su oceane
kojima je provrio tuđi život
Sad spavam u životopisu televizora
srca sinkronizirana sa satom
koji ne vjeruje u vrijeme,
ali zna da dinosaur evoluira u pticu

Digni poklopac školjke, Adame!

Zaustavila sam svjetlost,
prljava površina uvijek popusti
pod upornim rukama

PROLOG FÜR GYNOPHOBE

Die Schlange fällt in den Garten, die Erkenntnis bringend,
dass das Universum ein Vakuumballon ist
Der Apfel ist quantisiert und niemand versteht das,
bis er Newton herunterfällt

Newton, wieso?
fragt Eva mit vollem Mund, eine Forke aus ihrer Zunge machend
Du meinst, wie die Schwerkraft das Licht verzerrt?
Schau, sogar um meinen Nabel dreht sich das
Planetensystem
als wäre ein ganzer Apfel drin
Und, Gott nein, du kannst mich nicht nackt sehen

Aber du, Adam, überquere ruhig den Fluss

Ich werde dir gebären, Adam,
den Algorithmus 10/10 Apgar,
die dunkle Materie, DNA-Struktur,
Mission zum Mond, kinetische Energie
Als Mädchen habe ich Äonen geschnitzt,
aber Gottes Lippen brachten Ozeane,
mit denen fremdes Leben aufkam
Jetzt schlafe ich in der Laufbahn des Fernsehers
Herzen synchronisiert mit einer Uhr,
die nicht an die Zeit glaubt,
aber weiß, dass der Dinosaurier zum Vogel evolviert

Heb den Deckel der Muschel, Adam!

Ich habe das Licht gestoppt,
die schmutzige Oberfläche gibt immer
unter hartnäckigen Händen nach

Volim te, Adame

Zmija sikće još iskrenije:
I ja te volim, Adame, ali moraš razumjeti
da više nisam žena otkad smo pojeli voće
jer sad sigurno znam odgovor na pitanje
gdje je božja kralješnica prekinuta
i koliko mase sunaca je teška
takva crna rupa

Ich liebe dich, Adam

Die Schlange zischt noch aufrichtiger:
Ich liebe dich auch, Adam, du musst aber verstehen,
dass ich keine Frau mehr bin, seitdem wir die Frucht gegessen haben
denn jetzt weiß ich sicher die Antwort auf die Frage
wo Gottes Rückgrat gebrochen ist
und wie viel Sonnenmasse
solch ein schwarzes Loch schwer ist

MARIJIN MONOLOG ZA VENERU TIJEKOM NEBESKE KAVE

Od radosti nestrpljivo grizem usnu,
vjetar nakošen u čaši uljepšava mirnoću vode
Nikome ništa ne znači ljepota ako nije utržena,
tisućljeća od tebe oblikuju barbiku
bez uspravnih pomisli o politici ili umjetnosti
Nikome ništa ne znače zubi pravilno montirani u
osmijeh,
iako je osmijeh eksplozivan kao oteti avion
Toliko opasnosti u neiskrenom smijehu!
Ne znače, ne znače, ako se u karijes
ne može smjestiti kataklizma
ili barem nepogoda, obrisana država
ili trbuh neumjerenog predsjednika
Nikome ništa ne znači
tvoja noga umočena u obzor drugog planeta
ako te ne mogu oploditi,
ako ne mogu u tebe saditi
da bi čupali, uvijek čupali
za nos, kosu, obraze
iz tebe nikle mladice

Meni i u raju ispada kosa,
još uvijek je vlasište osjetljivo nakon poroda
Tako sam upisana u vječnost, kao ispražnjena lopta
iz koje su istisnuli boga u državu i filmsku industriju
Nitko me ne pita kako je biti gledatelj
dokumentirane muke vlastitog mesa
Svi mi na nebu, sveti i nesvjesni
broja moždanih udara izazvanih stresom
ili malih depresivnih srca koja
presnažno privlači masa mraka
kotač smo nekog uzaludnog rata,

MARIAS MONOLOG FÜR VENUS BEIM HIMMLISCHEN KAFEETRINKEN

Vor Freude beiße ich mir ungeduldig auf die Lippe,
der schräge Wind im Glas verschönert die Stille des Wassers
Schönheit bedeutet niemandem etwas, wenn sie nicht vermarktet ist,
Jahrtausende formen aus dir die Barbie
ohne geradsinnige Gedanken über Politik oder Kunst
Für niemanden haben die zu einem Lächeln gerade montierten
Zähne eine Bedeutung,
obwohl das Lächeln so explosiv wie ein entführtes Flugzeug ist
So viel Gefahr in einem falschen Lachen!
Sie bedeuten nichts, bedeuten nichts, wenn in die Karies
kein Kataklysmus eingesetzt werden kann
oder zumindest ein Notstand, ausgelöschtes Land
oder der Bauch eines maßlosen Präsidenten
Niemandem bedeutet etwas
dein in die Reichweite eines anderen Planeten eingetauchter Fuß,
wenn sie dich nicht befruchten können,
wenn sie in dich nichts einpflanzen können,
um herauszureißen, immerzu herauszureißen
für die Nase, Haare, Wangen
einer aus dir entsprossenen Jüngeren

Mir fallen im Paradies die Haare aus,
nach der Geburt ist die Kopfhaut noch immer empfindlich
So gehe ich in die Ewigkeit ein, als entleerter Ball,
aus dem sie den Gott in den Staat und die Filmindustrie gepresst haben
Niemand fragt mich, wie es ist, der Zuschauer der
dokumentierten Qualen des eigenen Fleisches zu sein
Wir alle im Himmel, die heilig und uns nicht der
Anzahl der stressbedingten Schlaganfälle bewusst sind
oder der kleinen depressiven Herzen, die
zu stark von der Masse der Dunkelheit angezogen werden,
wir sind das Rad eines sinnlosen Krieges,

samo gorivo za jaču vatru
peći koncentracijskih logora

I potom ništa
Nikome ništa

Tko ima snage objasniti
da iz takvog pepela
duša nije imala gdje emigrirati
nego u prvu ciglu
visokog dimnjaka?

lediglich der Brennstoff für ein stärkeres Feuer,
die Hochöfen der Konzentrationslager

Und danach nichts
Für niemanden nichts

Wer hat noch die Kraft zu erklären,
dass aus solch einer Asche
die Seele nirgendwohin emigrieren konnte,
außer in den ersten Stein
des hohen Schornsteins?

TIJELO

Rodila sam sina i strepila nad njegovim karakterom,
dubila rupe u tanjurima,
sipala svakodnevno molitve bogu u obroke
Preobratila se, nekom drugom bogu glasno
izmicala kost po kost iz šake
Čuješ li? Moj sin nikada neće zapaliti mačku

Ali mačka je samo struktura spretnosti,
u njenim šapama ništa ne pomiče dan
dovoljno posebno da preživi zadnji rat
Izrast će joj tri glave od zračenja
i njeni mačići svijetlit će kao žarulje
Ispunjena radioaktivnim značenjem
bit će predator na daljinu,
nježnost od koje se polako umire
Dječaci iz ulice palit će mačje repove kao petarde,
petarde će im gurati u anuse i gledati kako mačje utrobe
nadmašuju proljetne detonacije cvijeta
Goruće mačke skakat će nam u postelje
kao Molotovljevi kokteli
na posljednje maženje

Na koncu, glave okrenute od dječačke prirode,
sve žene u ulici gorjet će kao mačke

Zbunjuješ me kad si nepovjerljiv
Znaš da sam nam rodila sina čvrstog toliko
da se prometne u djevojčicu
kad ne gledaš

Sigurno je odrasla tog dana
kada je mačak obuo čizme,
uzeo jasnoću njenog spola
Ništa se tu nije moglo učiniti

KÖRPER

Ich gebar einen Sohn und sorgte mich um seinen Charakter,
ich grub Löcher in die Teller,
goss tagtäglich Gebete zu Gott in die Mahlzeiten
Konvertierte lautstark zu einem anderen Gott
befreite Knochen für Knochen aus der Hand
Hörst du? Mein Sohn wird niemals eine Katze anzünden

Die Katze ist aber nur ein Gebilde der Geschicklichkeit,
in ihren Pfoten bewegt nichts den Tag
so ausreichend besonders, um den letzten Krieg zu überleben
Von der Strahlung werden ihr drei Köpfe wachsen
und ihre Kätzchen werden wie Glühbirnen leuchten
Gefüllt mit radioaktiver Bedeutung
wird sie ein Prädator aus der Distanz sein,
eine Zärtlichkeit, an der man langsam stirbt
Die Jungen aus der Straße werden Katzenschwänze wie Böller anzünden,
Böller werden sie in ihre After schieben und dabei zusehen,
wie die Eingeweide der Katzen
die Frühlingsdetonationen einer Blume übertreffen
Brennende Katzen werden in unsere Betten springen
wie Molotow-Cocktails zur letzten Liebkosung

Hängend, den Kopf von der Natur der Jungen abgewandt,
werden alle Frauen in der Straße wie Katzen brennen

Du verwirrst mich, wenn du misstrauisch bist
Du weißt doch, dass ich uns einen Sohn geboren habe, der so stark ist,
dass er sich in ein Mädchen verwandelt,
wenn du nicht hinschaust

Sicher ist sie an dem Tag erwachsen geworden,
als der Kater die Stiefel anzog,
die Klarheit ihres Geschlechts annahm
Da konnte man nichts machen

PRIPREME TIJELA

Ujutro nam kažu da se postrojimo i čekamo
Red da nam spoje sonde
na trudničke trbuhe
nestrpljiva je stonoga
u krvotoku bolničkog odjela

Osluškujemo
Mozgovi selica kalibriraju kompase,
ciklona upisuje ožujak u siječanjsku kičmu,
ptičji motori pod prozorom
glasniji su od sitnih srca

Kako živjeti unutar rode i pritom joj ne slomiti
magnetsku intuiciju?

Mozak će zbog južine opustiti koru
i večeras ću sanjati da doručkujemo
nas dvoje, troje
Djeca kao na reklamnim prospektima,
osmijeh pomnožen pekmezom

Osluškujemo
U zglobovima bubre tjeskobe,
neljubaznim medicinskim sestrama
karcinomi drijemaju pod jezikom

U sterilnim hodnicima
monitori aparata i igle infuzije
nose najglasnije korake
uvijek parne kao razmnožavanje
Dok prohodavaju
naša povremena tijela,
učini nam se
kožom tapkaju
božja kopita

VORBEREITUNGEN DES KÖRPERS

Am Morgen sagen sie zu uns, wir sollen uns anstellen und warten,
bis wir an die Reihe kommen, dass sie uns die Sonden
an unsere schwangeren Bäuche anschließen
ungeduldig ist der Tausendfüßler
im Blutkreislauf der Krankenhausstation

Wir lauschen
Die Gehirne der Zugvögel kalibrieren Kompasse,
ein Zyklon schreibt März in die Januar-Wirbelsäule,
die Motore der Vögel unter dem Fenster
sind lauter als die winzigen Herzen

Wie lebt man in einem Storch ohne dabei seine
magnetische Intuition zu zerstören?

Das Gehirn wird wegen dem Scirocco die Rinde erweichen
und heute Nacht werde ich träumen, dass wir frühstücken
wir zwei, drei
Kinder wie auf Werbebroschüren,
mit Marmelade multipliziertes Lächeln

Wir lauschen
In den Gelenken schwellen die Qualen an,
den unfreundlichen Krankenschwestern
schlummern Karzinome unter der Zunge

In sterilen Korridoren
tragen die Monitore der Apparate und Infusionsnadeln
die lautesten Schritte
immer paarweise wie die Fortpflanzung
Während unsere gelegentlichen Körper
anfangen zu laufen,
scheint es uns
als würden auf der Haut
Gottes Hufen traben

LOV

Trebali smo čekati da se u maternici preobrazi
svjetlost u masu, okrutnost u rođenje
nakon kojeg počinje pošumljavanje Bornea
Često uroniš lice u tugujuće panjeve
i znam da me pitaš
ima li zbilja smisla danas
na ovom mjestu
tjerati nekoga da preživi svijet

Majka je rekla
Kada mlijeko bude vrištalo
šuti hrabro kao odsječeno stablo
Rekla je tijelo je porozno
i ne treba mariti kad jednom
uzorak kuhinjskog stolnjaka
prepoznaš kao unutrašnjost srca
Loša majka nosi genetsku modifikaciju brižnosti
Loša majka ponekad rodi dobru majku

Druge žene rekle su
stopala će ti se povećati,
ne od poroda,
nego od riječi
Ispred trbuha proučavaju mi mjere
Kako javno poskakuju peruti,
crnogoricu ponad usana,
kako razrezujem jesen na trećine,
upuhujem čvrsti kostur u trbuh
poput staklara
izrađujući stabilnu armaturu

Gledaju dok milujem stomak
na materinjem jeziku

JAGD

Wir sollten darauf warten, dass sich im Mutterleib
Licht in Masse, Grausamkeit in Geburt verwandelt,
woraufhin die Aufforstung von Borneo beginnt
Oft tauchst du das Gesicht in trauernde Baumstümpfe
und ich weiß, dass du mich fragst
ergibt es heute wirklich noch einen Sinn,
an diesem Ort
jemanden dazu zu zwingen, die Welt zu überleben

Mutter sagte
Wenn die Milch schreit,
schweige tapfer wie ein gefällter Baum
Sie sagte, der Körper sei porös
und dass man nicht darauf achten sollte, wenn man einmal
das Muster der Küchentischdecke
als das Innere des Herzens erkennt
Eine schlechte Mutter trägt die genetische Modifikation
der Fürsorge in sich
Eine schlechte Mutter gebärt gelegentlich eine gute Mutter

Andere Frauen haben gesagt
deine Füße werden anschwellen,
nicht von der Geburt,
sondern von den Worten
Vor dem Bauch studieren sie meine Maße
Wie frei doch die Schuppen rumhüpfen,
der Nadelbaum über den Lippen,
wie ich den Herbst in Drittel schneide,
ich blase ein festes Skelett in den Bauch
wie ein Glasmacher
und lasse ein stabiles Armierungseisen entstehen

Sie schauen zu, wie ich meinen Bauch streichle,
in meiner Muttersprache

tepajući bukvi, vuku i koprivi
koji se kriomice
strovaljuju
u jedno biće

liebevoll zu der Buche, dem Wolf und der Brennnessel spreche
die insgeheim
zu einem Wesen
verschmelzen

LOVOSTAJ

Nakon stodvadeset stepenica
noge su odjednom klimava ležišta
i dječje štucanje odzvanja zdjelicom
kao da je pupak pojeo hipocentar

U stanu ispod susjed je mjesecima
skupljao kapi u lavore
po svim sobama
Tko zna kad je zapravo
pukla cijev u njenoj kupaonici

Ovaj tjedan bušit će zidove,
tražiti njihovu pukotinu

Temperature su ispod nule,
u njoj smrznut strah
da mlijeko neće poteći
Takvi dani kad se ljudi ljušte uz pistacije,
na blagajnama šutke upadaju
u četvrtine kruha
i nema se kome priznati

Jaki mraz
prekrio je jutros
mrtve košute,
iako je lovostaj

JAGDVERBOT

Nach einhundertzwanzig Treppen
sind die Beine plötzlich wacklige Einlagen und
der Kinderschluckauf hallt im Schälchen,
als hätte der Nabel das Hypozentrum aufgegessen

In der Wohnung untendrunter hat der Nachbar monatelang
Tropfen in Plastikschalen gesammelt
in allen Zimmern
Wer weiß, wann genau
ein Rohr in ihrem Badezimmer platzte

Diese Woche werden sie die Wände bohren,
nach ihrem Riss suchen

Die Temperaturen liegen unter dem Gefrierpunkt,
in ihr, gefrorene Angst,
dass die Milch nicht fließen wird
Solche Tage, an denen sich die Leute Pistazien essend schälen,
an den Kassen schweigend
in ein Viertel Stück Brot fallen
und keinem kann man es gestehen

Starker Frost
überdeckte heute Morgen
tote Hirschkühe,
obwohl Jagdverbot herrscht

PRVORAZREDNA PTICA

One prosipaju zareze kad pripremaju seobe,
sazrijeva vjerojatnost opet prazne maternice

Majka je vrabac pune kosti

Otpuhne dokaze o okrugloj zemlji s obzora,
ukošti svijet u sjemenku za jedan međuobrok
i savine cvrkut u pažnju
prema pogodnoj vremenskoj prognozi
Glave naslonjene na srce servera
pažljivo prati algoritam
za napuhavanje oblaka

Vjetar mora disati udah u krilo, izdah niz krilo

Jednom se u kronično umoran organizam
spustila oštroumna ptica i pitala
zašto ne zaoštrim glas prema bogu
Samoća je netopiva pa izaziva
prometne zastoje ili infarkte
Nikad ne kuham jer bih kuhala samo za sebe
Samoća je neslana čak i kad sam u morskoj vodi
dovoljno dugo da mi izrastu ljuske

Spoznaja da se krila proizvode serijski kao vijci
znak su izmicanja povjerenja u božansko
Uvijek potisnem sjećanja o vlastitoj prirodi stroja
kad utonem u početnu točku

Bog često traži da skočim
poput prvorazredne ptice
i preskočim njegovu sjenu

ERSTKLASSIGER VOGEL

Sie verschütten Risse, wenn sie die Züge vorbereiten,
es reift die Möglichkeit eines erneuten leeren Mutterleibs

Die Mutter ist ein Sperling mit dichten Knochen

Bläst vom Horizont aus die Beweise für die runde Erde weg,
verhärtet die Welt zu einem Samen für eine Zwischenmahlzeit
und beugt das Zwitschern zur Aufmerksamkeit
nach der guten Wetterprognose
Mit dem Kopf an das Herz des Servers gelehnt
folgt sie aufmerksam dem Algorithmus
zum Aufblasen der Wolken

Der Wind muss in den Flügel einatmen, den Flügel hinunter ausatmen

Einmal ließ sich auf den chronisch müden Organismus
ein scharfsinniger Vogel nieder und fragte,
warum ich meine Stimme zu Gott nicht verschärfe
Einsamkeit ist unschmelzbar und verursacht
Stockungen oder Herzinfarkte
Ich koche nie, weil ich nur für mich selbst kochen würde
Einsamkeit ist nicht salzig, selbst wenn ich so lange im Meerwasser bin,
dass sich Schuppen bilden

Die Erkenntnis, dass Flügel serienmäßig wie Schrauben produziert werden,
ist ein Zeichen für die Abkehr vom Vertrauen in das Göttliche
Immerzu verdränge ich die Erinnerungen an die Eigennatur des Getriebes,
wenn ich im Ausgangspunkt versinke

Gott fordert oft, dass ich springe
wie ein erstklassiger Vogel
und über seinen Schatten springe

Sjena je često tako velika
da moje oči nikad
ne izađu
iz mraka

Der Schatten ist oft so groß,
dass meine Augen
niemals aus der Dunkelheit
hervortreten

PJESMA S DVIJE NEPOZNANICE

Vera Rubin rimuje brzine
galaktičke rotacije
s dobrim odgojem djece

Ekvivalentno je:

Pjesnikinja ima dojku koja šapuće
rasprsnut ću se
Kad otvara usta iz trbuha joj
izlazi stado ljubičastih riječi,

tablete za nesanicu

GEDICHT MIT ZWEI UNBEKANNTEN

Vera Rubin reimt Geschwindigkeiten,
galaktische Rotationen
mit einer guten Kindererziehung

Äquivalent:

Die Dichterin hat eine Brust, die flüstert
ich werde zerplatzen
Wenn sie den Mund öffnet, kommt aus ihrem Bauch
eine Herde von lila Worten,

Schlaftabletten

MARYAM MIRZAKHANI TRI BESKONAČNOSTI SLAŽE NA KRUH UZ SIR I MAJONEZU

Godinama sam bila dječak plašeći se svojih bedara,
skrivala geografiju tijela
pod širokim majicama
botanika je bujala
U tvojim dojkama gašenje dana
bubri slično olujnim oblacima,
ali pališ bez razmišljanja glavu kao svijeću
pa je puniš Riemannovim plohama
svjesna da ljeto podgrijava tumore,
da se matematika pokazuje upornima
i nema veze ako će glasne geometrije
uskoro preseliti u kosti

Ja još uvijek prije predavanja iz kvantne mehanike
uplašeno odstranim ženu iz sebe
pa pregovaram s Heisenbergom satima
o neodređenosti grudi
koje ostavljam na porti

A ti, Maryam, tvoja otkrivena glava
nakon selidbe u crne kronike iranskih novina
oštro gleda u muškarce
uvrijeđene prekratkom kosom
puneći njihovu muškost
do zadnje kapilare
vertikalnom jednadžbom poraza

MARYAM MIRZAKHANI STAPELT DREI UNENDLICHKEITEN AUF DAS BROT MIT KÄSE UND MAYONNAISE

Jahrelang war ich ein Junge, hatte Angst vor meinen Hüften,
versteckte die Geografie des Körpers
unter weiten Pullovern,
die Botanik blühte
Das Erlöschen des Tages in deinen Brüsten
schwillt ähnlich wie Gewitterwolken an,
du zündest aber ohne nachzudenken den Kopf wie eine Kerze an
und füllst ihn mit Riemannschen Flächen
und weißt, dass der Sommer Tumore anheizt,
dass sich die Mathematik den Hartnäckigen zeigt
und es ist egal, ob laute Geometrien
bald in die Knochen ziehen

Noch immer entferne ich vor den Vorlesungen in Quantenmechanik
verängstigt die Frau aus mir
und diskutiere mit Heisenberg stundenlang
über die Unbestimmtheit der Brüste,
die ich am Eingang ablege

Und du, Maryam, dein unbedeckter Kopf
blickt nach dem Umzug in die Schwarze Chronik
der iranischen Zeitungen
die Männer scharf an,
die, beleidigt von den zu kurzen Haaren,
ihre Männlichkeit
mit einer vertikalen Niederlage-Gleichung
bis in die letzte Kapillare füllen

TEOREM EMMY NOETHER NAUČILA SAM NA FAKSU

Pa mogu pretpostaviti, Emmy,
da smo žilavo žensko meso
Objema crte lica govore
svaki je dan bio usamljena srijeda,
simetrična kao polutke tvoje pameti

Emmy, Emmy, je li te hranila matematika
tih sedam godina kad su muškarci
uzimali iz tvog mozga
nikad plativši uz izliku
da u tebi ima samo
brojčanih vrijednosti
Danas bi te zatvorili u računalo,
proglasili umjetnom inteligencijom
i nazvali nekim koketnijim imenom
Vanda ili Irma
pa pustili da algoritme pretvaraš
u potreban broj bombi
na svakom kontinentu
da ne dođe do nuklearnog rata
Sjećam se kako su ti zavirivali pod teorem
na satovima klasične mehanike
misleći da je ispod sigurno brkato muško

Emmy, više ne stanem u jednadžbu
Neke žene vjeruju da je u vrijeme lova
dopušteno gurnuti druge žene
na rub izumiranja
Tad osjetim oštru simetriju opstanka
i znam da je i tvoja majka
kad si plakala
prisluškivajući
stajala pred sobom
nikad otvorivši vrata

EMMY NOETHERS THEOREM HABE ICH AN DER UNI GELERNT

Nun, ich vermute, Emmy,
dass wir zaghaftes Frauenfleisch sind
Bei uns beiden verraten die Gesichtszüge,
dass jeder Tag ein einsamer Mittwoch war,
symmetrisch wie die beiden Hemisphären deiner Klugheit

Emmy, Emmy, hat dich die Mathematik
in den sieben Jahren ernährt, als sich die Männer
aus deinem Gehirn bedienten,
ohne jemals dafür zu bezahlen, unter dem Vorwand,
dass bei dir nur Zahlenwerte
vorhanden sind
Heute würden sie dich in einen Computer sperren,
zur künstlichen Intelligenz erklären
und dir einen koketten Namen verpassen
Vanda oder Irma
und dann würden sie dich Algorithmen
in die benötigte Anzahl von Bomben für alle Kontinente
verwandeln lassen,
damit es nicht zu einem Atomkrieg kommt
Ich erinnere mich daran, wie sie dir in den Stunden zur klassischen
Mechanik
unter das Theorem schauten
und dachten, dass sich darunter sicher ein schnurrbärtiger Mann befindet

Emmy, ich passe nicht mehr in die Gleichung
Manche Frauen denken, dass es während der Jagdzeit
erlaubt ist, andere Frauen
an den Rand des Aussterbens zu drängen
Da spüre ich die scharfe Symmetrie des Überlebens
und weiß, dass, als du weintest,
deine Mutter
lauschend vor dem Zimmer stand,
ohne jemals die Tür zu öffnen

DEMETRA NAKON UZALUDNE POTRAGE

Zemlja se napučuje biljkama
kad bog rastvori oko
pa planet poškakljaju trepavice
Zapravo, radi se o mojim trepavicama,
ali moram lagati o zaslugama
U meni vrište zametci
i ne smijem popustiti
kad me nasele kao tumori

Noge su ionako nakon potrage
samo slojevi putovanja

Kći, naivno stado bezbrižnosti
Kad diše kraj mene,
beton rezonira s peludom,
galaksija okrzne galaksiju
i lako je od radosti izmisliti proljeće

Kći, razorno nedostajanje
Kad ne diše kraj mene,
oči su ukopane u ozbiljnost
Nosim je svečano i predano
umišljajući da sve staje
s mojom tugom:
svježi zrak ignorira
prisutnost otvorenog prozora,
ljudi se odbijaju pomaknuti,
umišljam da ne izlazi
ni iz koga ljepilo tišine

I lako je od usamljenosti
zaboraviti proljeće

DEMETER NACH DER VERGEBLICHEN SUCHE

Die Erde füllt sich mit Pflanzen,
wenn Gott sein Auge auflöst
und Wimpern den Planeten kitzeln
Eigentlich sind es meine Wimpern,
ich muss jedoch über die Verdienste lügen
In mir schreien die Leibesfrüchte
und ich darf nicht weichen,
wenn sie mich wie Tumore bevölkern

Die Beine sind nach der Suche ohnehin
nur noch Schichten von Reisen

Tochter, eine naive Herde der Sorglosigkeit
Wenn sie neben mir atmet,
resoniert der Beton mit den Pollen,
Galaxie streift Galaxie
und vor Freude fällt es einem leicht, den Frühling zu erfinden

Tochter, eine zertrümmernde Sehnsucht
Wenn sie nicht neben mir atmet,
sind die Augen in Ernst vertieft
Ich trage sie feierlich und hingebungsvoll,
stelle mir vor, dass alles mit meiner Trauer
stehen bleibt:
Die frische Luft ignoriert
die Anwesenheit des offenen Fensters,
Menschen lehnen es ab sich zu bewegen
ich stelle mir vor, dass aus niemandem
der Leim des Schweigens kommt

Und es fällt einem leicht, vor Einsamkeit
den Frühling zu vergessen

ZVIJERI U IZRAELU OSTAVILI SU MI KĆER DA UMRE NA CESTI

Uvijek obrijanih lica,
mirišući na kadulju i soli,
imaju kuće
bijelih fasada,
ponekad kćer,
kćer pa sina
Vole ih kao produžetak
svoje kičme,
za njih odvajaju
kao Šeherezada
zdravi dio jezika
prije spavanja
i često su topliji od majki

Jutrom piju kratku kavu
i nikome se ne odaju
Cijeli su šupljina
bez unutarnjih organa,
samo im viskozan glas
kruži u čahuri
kad u radno vrijeme
gledaju tuđu
ranjenu djecu
i kao vrtlari biljkama
zapovijedaju
umri umri umri

BESTIEN IN ISRAEL LIESSEN MEINE TOCHTER AUF DER STRASSE STERBEN

Stets rasierte Gesichter,
riechen nach Salbei und Salz,
haben Häuser
mit weißen Fassaden,
manchmal eine Tochter,
Tochter, dann Sohn
Sie lieben sie wie die Verlängerung
ihrer Wirbelsäule,
für sie opfern sie
wie Scheherazade
einen gesunden Teil ihrer Zunge
vor dem Schlafengehen
und oft sind sie wärmer als die Mütter

Am Morgen trinken sie einen kurzen Kaffee
und öffnen sich niemandem
Sie sind ein vollkommener Hohlraum
ohne innere Organe,
einzig ihre kunstseidene Stimme
kreist in der Kapsel,
wenn sie während der Arbeitszeit
fremde verwundete
Kinder betrachten
und wie Gärtner den Pflanzen
befehlen
stirb stirb stirb

ZVIJERI U ZAGREBU KĆER SU MI POSADILI DA BUDE DRVO NA MEDVEDNICI

Sigurno zamijenivši roza pidžamu
s krznom nesmotrenog zeca
koji se netom valjao po jagodama

Kad su joj u rebra zarili putanju smrti
sigurno nisu vidjeli
kako je hrabro zijevanjem prekorila
kržljave autoritete
i pospano utonula u tlo
kao proljetnica

BESTIEN IN ZAGREB PLATZIERTEN MEINE TOCHTER, DAMIT SIE ZU EINEM BAUM AUF MEDVEDNICA WIRD

Offenbar haben sie den rosa Pyjama
mit dem Fell des unbeholfenen Hasen verwechselt,
der sich eben auf Erdbeeren wälzte

Als sie in ihre Rippen den Pfad des Todes stachen,
haben sie bestimmt nicht gesehen,
wie sie tapfer gähnend
die verrosteten Autoritäten verurteilte
und wie eine Frühlingsblume
müde auf den Boden
sank

JA, ZVIJER U SVOM STANU, UBILA SAM KĆER NEKOLIKO MJESECI NAKON PORODA

Umotala sam njen dah u mekoću
misleći da pomažem
djevojci koja treba postati
jer ovdje njena majka
guta nule koje
padaju na želudac
teže nego kamenje

Da su htjeli pomoći,
da su samo pomogli
da se nule raspolove
umjesto govorili:
Kako si sretna
Moraš biti sretna
Nebitno što više
ne stanuješ
u sebi

ICH, DIE BESTIE IN MEINER WOHNUNG, TÖTETE DIE TOCHTER EINIGE MONATE NACH DER GEBURT

Ich umhüllte ihren Atem mit Sanftheit,
dachte, ich würde ihr
zu dem Mädchen verhelfen, das es werden sollte,
denn hier schluckt
ihre Mutter Nullen,
die schwerer auf den Magen schlagen
als Steine

Hätten sie helfen wollen,
wenn sie nur geholfen hätten,
dass sich die Nullen halbieren,
anstatt zu sagen:
Wie glücklich du bist
Du musst glücklich sein
Obgleich du nicht mehr
in dir selbst
wohnst

DRUGORAZREDNI OTAC

Londonska magla koncept je o kojem ne znam ništa
iako sam uvijek mislila da ću putovati,
zaprimati svijet u dlačice, depilirati ga
i puštati šume, New York, Brač, Niagarine slapove
niz odvode,
da ću samouvjereno kao predizborna kampanja
secirati autoceste
i savijati ih u cijev svoje nerastezljive rodnice

Ali ovih dana osjećam se kao magla strogog
britanskog naglaska
i težim kao cijela Zemlja koju nisam prisno upoznala
Biljke se boje rascvasti kraj mene
jer ću im nepovratno zaraziti zavodljivost,
stabla se boje pljunuti pupove iz vršaka
da im ne pojedem potomke

Plešem mjesecima na oštrici nedjelje
mada bih je trebala posvetiti obitelji
Istina je da sam usamljena
i u čekaonici posvajam
svakog uglađenog djeda

Jadna Perzefona, ništa ne pomaže,
ni tješenje izmišljenim košticama nara
kojima se igram gurajući ih u pupak
kao da su mali Pluton, ničije mjesto u vakuumu
Znaš, sanjam nekad da šetamo parkom,
držiš me za ruku poput izvrsnog oca
Tako si pažljiv kad te sanjam

Šest mjeseci si, Zeuse,
šest mjeseci si puštao
da me skidaju i siluju
u bestežinskom mraku

ZWEITKLASSIGER VATER

Der Londoner Nebel ist ein Konzept, über das ich nichts weiß,
obwohl ich immer dachte, dass ich reisen würde,
mit der Welt die Härchen füllen würde, sie depilieren
und Wälder, New York, Brač, die Niagarafälle
in Abflüsse fließen lassen würde,
dass ich selbstbewusst wie eine Wahlkampfkampagne
Autobahnen sezieren
und sie in das Rohr meiner nicht dehnbaren Scheide biegen würde

In diesen Tagen fühle ich mich aber wie der Nebel des strengen
britischen Akzents
und so schwer wie die ganze Erde, die ich nicht näher erforschte
Pflanzen fürchten sich, neben mir zu blühen,
da ich unwiederbringlich ihren Reiz anstecken werde,
Bäume fürchten sich, Knospen von den Wipfeln zu spucken,
damit ich nicht ihre Nachkommen verspeise

Ich tanze seit Monaten am Rande des Sonntags
eigentlich sollte ich ihn meiner Familie widmen
Die Wahrheit ist, dass ich einsam bin
und mir im Wartezimmer jeden zurechtgemachten Opa
zu eigen mache

Arme Persephone, nichts hilft,
nicht einmal das Trösten mit den imaginären Granatapfelkernen,
mit denen ich spiele, indem ich sie in den Bauchnabel schiebe,
als wären sie ein kleiner Pluto, ein Niemandsplatz im Vakuum
Weißt du, gelegentlich träume ich, dass wir im Park spazieren gehen,
du hältst meine Hand wie ein ausgezeichneter Vater
Du bist so aufmerksam, wenn ich von dir träume

Du hast sechs Monate, Zeus,
sechs Monate lang zugelassen,
dass sie mich ausziehen und vergewaltigen
in der schwerelosen Dunkelheit

LISBETH SALANDER PROMIŠLJA VATRU

Otac je najvještiji mačak
Njegov dolazak uvijek je
pucanje majčinog zgloba
u mišolovci

Moje dijete, moj lonac pun prekuhanih koščica
Moja žena, moja uvijek okrhnuta čaša

Otvorio je rolete taj najiskusniji mačak
da nas uvjeri kako staklo
ne propušta fotone ako tako naredi
On je bog svih površina
Čekamo u mraku da plinovod objavi
konačne brojeve na računu,
da se zapali jutro za kuhanje kave,
da krene odvoz smeća
i glasovi protjeraju nesnosne buhe

Tangenta na doručak uvijek je udarac

Plivam kao losos u jednosmjernosti dana
Bijeg nije nemoguć,
ali još ne znam hodati

U glavi nosim dječje poimanje vremena
i čim se poklope kazaljke
ocu ću probosti mačje oči
i odnijeti ih
kao
jež
jabuke

LISBETH SALANDER BETRACHTET DAS FEUER

Vater ist der geschickteste Kater
Seine Ankunft bedeutet immer
das Knacken des Handgelenks der Mutter
in der Mausefalle

Mein Kind, mein Topf voller überkochter Knochen
Meine Frau, mein immer angebrochenes Glas

Er öffnete die Rollläden, der erfahrenste Kater,
um uns davon zu überzeugen, dass das Glas
keine Photonen durchlässt, wenn er es so befiehlt
Er ist der Gott aller Oberflächlichkeiten
Wir warten im Dunkeln darauf, dass der Gaszähler
die endgültigen Zahlen der Rechnung enthüllt,
dass sich der Morgen zum Kaffeekochen anzündet,
dass die Müllabfuhr beginnt
und Stimmen die unerträglichen Flöhe vertreiben

Die Tangente beim Frühstücken ist immer ein Schlag

Ich schwimme wie ein Lachs in der Einseitigkeit des Tages
Flucht ist nicht unmöglich,
aber ich kann noch nicht laufen

Im Kopf habe ich das Zeitverständnis eines Kindes
und sobald die Zeiger zusammenfallen,
werde ich dem Vater die Katzenaugen durchbohren
und sie wegbringen
wie
Igel
Äpfel

LISE MEITNER RAZBIJA URAN, ATOMSKA BOMBA GRIZE OCEAN

Iz sjene tvog oca padale su ohrabrujuće rečenice
čak i kad bi ga ta sjena pretekla
dok ste vozili bicikl
Uvijek je nosio otvoren zagrljaj
da možeš ugrijati jednadžbe
i govorio gurajući te kroz testosterone:
jesen je samo prozračna zemljina lubanja,
pogledaj kako se migolje
kaputi napunjeni ljudima
A onda je

prerastao krovove i progutao prve pucnjeve,
tamnjenje srčike svijeta brže od oguljene jabuke
Svijet je trulio još mnogo puta, Lise,
Tako je moj otac šibom crtao autoceste
po mačkama i našim nogama
Bježali smo dok nije smrti
kao svinji u maglovito jutro
otvorio vrat i zarastao u hrđavo

Vlakom prenosiš korijen u tuđi humus
učeći kako je apokalipsa djevojčica
Osluškuješ kuckanje njenih atoma,
ništa više od praznine
koja poštuje statistiku

A djevojčica cijepa atomske jezgre
kad joj ugase svjetla,
razmiče rebra sunčevih procesa
ne sluteći da je pod fizikom
razmažena lijena država,

LISE MEITNER ZERSETZT URAN, DIE ATOMBOMBE BEISST DEN OZEAN

Aus dem Schatten deines Vaters fielen ermutigende Sätze
selbst dann, wenn ihn der Schatten überholte,
während ihr Fahrrad fuhr
Immer hatte er eine offene Umarmung,
damit du die Gleichungen aufwärmen kannst
und während er dich durch das Testosteron schob, sagte er:
Der Herbst ist nur ein durchsichtiger Schädel der Erde,
schau, wie sie zappeln,
die Mäntel voller Menschen
Und dann

entwuchs er den Dächern und schluckte die ersten Schüsse,
die rapide Verdunkelung des Weltherzinfarkts, schneller als die eines geschälten Apfels
Die Welt verrottete noch viele Male, Lise,
So hat mein Vater mit der Rute Autobahnen
auf Katzen und unseren Beinen gezeichnet
Wir rannten weg, bis er schließlich dem Tod
wie einem Schwein an einem nebligen Morgen
den Hals öffnete und zu Rost zusammenwuchs

Mit dem Zug bringst du die Wurzel zu einem fremden Humus,
dabei lernend, dass die Apokalypse ein Mädchen ist
Du horchst das Ticken ihrer Atome ab,
nichts außer Leere,
die die Statistik respektiert

Das Mädchen spaltet Atomkerne,
wenn man ihr das Licht ausmacht,
sie verschiebt die Rippen solarer Prozesse,
nicht ahnend, dass unter der Physik
ein verwöhntes, faules Land liegt,

sve hirovitija što je napučenijeg krzna
Predući mazi trbuh
hidrogenske bombe
i čeka

zunehmend skurril, umso aufgepumpter sein Fell ist
Schnurrend streichelt sie den Bauch
der Wasserstoffbombe
und wartet

KRATKI PREDAH ZA IZLAZAK U DVORIŠTE

Na livadi se kotrlja
ćelava glava Cvetajeve
i takav asimetrični aleph
odmah
razreže rečenice
pa pobjegnu
ključne riječi
za bežično proljeće
Pjesnikinja:
nesvjesni
organ pjesme

KURZE ATEMPAUSE, UM IN DEN HOF ZU GEHEN

Auf der Wiese rollt
der kahle Kopf der Zwetajewa
und ein solches asymmetrisches Aleph
zerschneidet
sofort die Sätze
und dann verschwinden
die Schlüsselwörter
für den kabellosen Frühling
Dichterin:
unbewusstes
Organ des Gedichts

MUHE

Ne vjerujem više mačkama
jer ne prilaze kad im ostavljam hranu,
odugovlače vlastito pripitomljavanje
tjerajući me da satima sjedim
udišući svježe pokošeno sunce,
piljevinu odrezane bradavice
Koža otpada od manjka dodira,
ljeti je teže oduprijeti se prirodi lubenice
pa razrezana na tanke kriške
puštam da dugi dani zagrizaju u mene
i pljuju koštice

Tjeram muhe koje se skupljaju oko komadića mesa
kao da govorim krznatima šic
Zujanje prekopava smolu u ušima,
osjetim kako želja za raspadom
postaje jača od želje za prijateljstvom
Od samoće me zebu noge
ujutro bole kao da su dugo stajale na vjetru

Ako mačka predugo ostane na istom mjestu,
šape joj proklijaju i pretvori se u stablo

Mrmljaju mamografije
Tko je žena bez dojke?

FLIEGEN

Ich traue den Katzen nicht mehr,
da sie sich nicht nähern, wenn ich ihnen Essen dalasse,
sie verzögern ihre Domestizierung
und zwingen mich stundenlang dazusitzen
und die frisch gemähte Sonne einzuatmen,
das Sägemehl einer abgeschnittenen Brustwarze
Die Haut fällt wegen mangelnder Berührung ab,
im Sommer fällt es einem schwerer, der Natur der Wassermelone
zu widerstehen
und in dünne Scheiben geschnitten
lasse ich es zu, dass die langen Tage in mich hineinbeißen
und die Kerne ausspucken

Ich vertreibe die Fliegen, die sich um die Fleischstücke sammeln
als würde ich den Pelzigen sagen: „weg"
Das Summen gräbt das Ohrenschmalz um,
ich spüre, wie der Wunsch nach Zerfall
stärker als der Wunsch nach Freundschaft wird
Aus Einsamkeit frieren meine Beine
und morgens tun sie weh, als hätten sie lange im Wind gestanden

Wenn die Katze zu lange am selben Ort verbleibt,
brüten ihre Pfoten und sie wird zu einem Stamm

Sie murmeln Mammographien
Was ist eine Frau ohne Brust?

ANTITIJELO

Ovo je posuđeno tijelo
Neboder iznenađen upornošću golubova,
s fasada se trusi mimoilaženje susjeda,
inkasator je u srcu dizala
nenadano dobio napad suosjećanja

Odustali smo od definiranja ljubavi kao
novorođenčeta,
svjesni da nam se može podvaliti i kaktus sličnog
oblika
Naše majke, sve vrsne u majčinstvu,
rekle su da praznina ima veze
s mojim shvaćanjem stvarnosti
kao volumena pjesme
Rekle su da nipošto nije do tebe

Imam dijagnosticiranu provaliju
U parku često dozivam nestvarne djevojčice

Već razgovaraju kao odrasle
i kad me pitaju mama zašto si plakala,
kažem iskreno
da je ravnodušnost
prvi stupanj umiranja,
a mi smo žive, žive smo
I ne priznajem im da sam već zaboravila
koliko imaju godina,
sva njihova zaljubljivanja
Ne priznajem im da pred tobom
ne izgovaram njihova nerođena imena

ANTIKÖRPER

Das hier ist ein geliehener Körper
Der Wolkenkratzer ist vom Eifer der Tauben überrascht,
von den Fassaden fällt das Aneinander-Vorbeigehen der Nachbarn ab,
der Kassierer hat im Herzstück des Aufzugs
unerwartet einen Anfall von Empathie bekommen

Wir haben es aufgegeben, Liebe als
Neugeborenes zu definieren,
sind uns dessen bewusst, dass man uns auch einen gleichförmigen Kaktus
unterschieben kann
Unsere Mütter, alle meisterhaft im Muttersein,
sagten, dass die Leere
mit meinem Realitätsverständnis in Verbindung steht
wie das Volumen eines Liedes
Sie sagten, es liege keinesfalls an dir

Ich habe einen diagnostizierten Zusammenbruch
Im Park rufe ich oft nach nicht realen Mädchen

Sie reden bereits wie Erwachsene,
und wenn sie mich fragen, Mama, warum hast du geweint,
sage ich ehrlich,
dass die Gleichgültigkeit
die erste Stufe des Sterbens ist,
wir sind aber lebendig, lebendig sind wir
Und ich gebe nicht zu, dass ich bereits vergessen habe,
wie alt sie sind,
all ihr Verlieben
Ich gebe vor ihnen nicht zu, dass ich vor dir
ihre ungeborenen Namen nicht ausspreche

MAČKE

Povjerenje je narušeno,
dječaci lažu djevojčicama da će ih zauvijek voljeti
ako samo jednom podignu majice i pokažu punjenje
tijela
Reci im, moje je tkivo kao savitljiva hobotnica,
u grudima mi spavaju dvospolni ježevi
Bodlja, bodlja, tako sam jedinstveno definirana
Žena je pravac, beskonačnost koja prolazi kroz dvije
točke

Nitko ne govori o posljedicama otvaranja latica
Nitko ne govori o ženama koje cijelu trudnoću
povraćaju planete, do iznemoglosti
Nitko ne govori o natučenom tkivu
kroz koje se ne može prodrijeti

Kad su iznosili tijelo prve susjede, svjedočile smo:
Iz umrle kože pobjegle su mirisne stanice,
jata muških dodira napustila su mlohava bedra,
odjednom šuplja kao metalni trbuh vlaka
Jeka nam udara u lica dok pjevamo o prvom
cvjetanju

Taj dan sunce je pljuštalo kao da će eksplodirati
Zakoračila sam bezbrižno sa sprovoda u djevojaštvo
čitajući recepte drskih kućanica

Znakovnim jezikom
žena pred istekom roka trajanja
dojavljuju mi sa sigurne udaljenosti:
Ostani tiho i ne prilazi,
iz dvorišta vrebaju ljubomorne mačke

KATZEN

Das Vertrauen ist angeknackst,
Jungen belügen Mädchen, dass sie sie für immer lieben werden,
wenn sie nur einmal ihre Shirts hochheben und die Polsterung
des Körpers zeigen
Sag ihnen, mein Gewebe sei wie eine biegsame Krake,
in meinen Brüsten schlafen zweigeschlechtliche Igel
Stachel, Stachel, so einzigartig bin ich definiert
Die Frau ist eine Richtung, eine Unendlichkeit, die durch zwei Punkte
hindurchgeht

Niemand spricht über die Folgen des Öffnens der Blütenblätter
Niemand spricht über die Frauen, die die ganze Schwangerschaft
Planeten bis zur Erschöpfung erbrechen
Niemand spricht über das geschwollene Gewebe,
das man nicht durchdringen kann

Als sie den Körper der ersten Zimmernachbarin herausbrachten,
wurden wir zu Zeuginnen:
Aus der gestorbenen Haut entflohen die Duftzellen,
Schwärme von Männerberührungen verließen die schlaffen Schenkel,
auf einmal so hohl wie der metallene Bauch eines Zuges
Das Echo schlägt uns ins Gesicht, während wir vom ersten
Blühen singen

An diesem Tag strömte die Sonne, als würde sie explodieren
Ich trat sorglos von der Erdbestattung in die Jungfräulichkeit,
die Rezepte schroffer Hausfrauen lesend

In Gebärdensprache
der Frauen vor dem Verfallsdatum
warnen sie mich aus sicherer Entfernung:
Bleib still und komme nicht näher,
im Hof lauern eifersüchtige Katzen

1940. NADA SREMEC PIŠE DA ŽENE PO SELIMA UMIRU OD ABORTUSA NEKONTROLIRANO KAO U AFRICI

U miraz dobiju propuh krletke i dugu, dugu iglu koja,
prišapne baka i namigne, nije za pletenje
Kad crvena zatrese čela do pucanja seizmograma,
preobražene u aveti pokušaju
ustati u grlima susjeda
i zamole da odu u ljekara
Od šamara uskoče kosti u obraze
Kako mogu druge, možeš i ti

Više i ne broje, barem jednom u srpnju ili kolovozu
prospu tegle nezdrave cikle
Po njoj gaze muška kopita, krda neobuzdanih cipela
timarenih poput tigrovih šara, jednako čvrstog
ugriza

Često odu u baštu i nikad se ne vrate

Školarke bez majki pušu u jaglace
tako spretno da prošuplje pamćenje,
ukisele duge zimske hunjavice,
prodrhte tenkove i granate
gole kao platane

Poslije nametnute amnezije
ponegdje uskrsnu majke i nemajke
iz sudopera i pećnice,
nemoćna kolonija krtica
na danjem svjetlu
Grlo puno gelera

1940 SCHREIBT NADA SREMEC, DASS DIE FRAUEN IN DEN DÖRFERN WEGEN ABTREIBUNGEN UNKONTROLLIERT STERBEN WIE IN AFRIKA

Als Mitgift erhalten sie einen Luftzug im Käfig und eine lange,
lange Nadel, die,
so flüstert die Oma mit einem Zwinkern, nicht fürs Stricken sei
Wenn die Rote Wellen bis zum Bruch des Seismogramms schlägt,
versuchen die vor Furcht Verwandelten
in den Kehlen der Nachbarn aufzustehen
und sie bitten, dass sie zum Arzt gehen dürfen
Von der Ohrfeige springen die Knochen in die Wangen
Wie andere es können, so kannst du es auch

Sie zählen nicht einmal mehr, mindestens einmal im Juli oder August
verschütten sie Gläser mit ungesunder Roter Bete
Auf sie treten Männerhufen, Herden ungezügelter Schuhe,
gestriegelt wie Tigerstreifen, ebenso harten
Bisses

Oft gehen sie in den Garten und kommen nie wieder zurück

Mutterlose Schulmädchen pusten in die Primeln,
so geschickt, dass sie das Gedächtnis durchlöchern,
sauer gewordene lange Winterschnupfen
erschüttern Panzer und Granaten,
nackt wie Platanen

Nach der aufgezwungenen Amnesie
erstehen hier und dort Mütter und Nicht-Mütter
aus der Spüle und dem Ofen wieder auf,
eine machtlose Kolonie von Maulwürfen
im Tageslicht
Der Hals voller Granatsplitter

ANA MAGAŠ USELJAVA U ZVIJEZDU NAKON UBOJSTVA MUŽA ZLOSTAVLJAČA U SAMOOBRANI

Sudac poručuje:
Mi smo ovdje u jeseni, nepovratnom padu
Plesala si s čovjekom
koji je stigao s drugog planeta
Njegove su oči naborane zavičajem
u kojem nema kisika
Što je trebao reći tvoj muž
na prizor takvog neposluha?

Ana poručuje:
Ja sam ovdje da pokažem ožiljke,
imate li teleskop da pogledate
udarce kojima mi je odrvenio gipkost?
Nož je samo posljedica

Sudac poručuje:
Nebitno, gospođo.
Plesala si, ponavljam, sa strancem
nemoguća kao hladna fuzija
Zbilja misliš da nisi napela kuću do pucanja?

Ana prešućuje:
Moja kuća spirala je okamenjenih masnica,
mrtva mi gospođica stanuje
u krivo zarasloj lakatnoj kosti,
mrtva gospođica je i podstanarka
u dvaput lomljenim rebrima
U mojoj lubanji trajni sudski sporovi
Mokru od suživota s uganućima
neka me nose u pravokutne sobe,
u pravokutne krevete

ANA MAGAŠ ZIEHT IN DEN STERN NACH DER ERMORDUNG IHRES MISSBRÄUCHLICHEN EHEMANNES IN NOTWEHR

Der Richter teilt mit:
Wir sind hier im Herbst, im unwiderruflichen Fall
Du hast mit einem Mann getanzt,
der von einem anderen Planeten kam
Seine Augen sind gerunzelt von seiner Heimat,
in der es keinen Sauerstoff gibt
Was hätte dein Mann sagen sollen
in Hinblick auf einen solchen Ungehorsam?

Ana teilt mit:
Ich bin hier, um die Narben zu zeigen,
haben Sie ein Teleskop, um sich
die Schläge anzuschauen, mit denen er meine Gelenkigkeit erhärtete?
Das Messer ist nur die Folge

Der Richter teilt mit:
Irrelevant, Madame.
Du hast, ich wiederhole, mit einem Fremden getanzt,
unmöglich wie eine kalte Fusion
Glaubst du tatsächlich, dass du das Haus nicht bis zum Abschuss
angespannt hast?

Anna verschweigt:
Mein Haus ist eine Spirale aus versteinerten blauen Flecken,
ein totes Fräulein lebt
in meinem schief zusammengewachsenen Ellenbogenknochen,
das tote Fräulein ist auch Untermieterin
in den zweimal gebrochenen Rippen
In meinem Schädel andauernde Rechtsstreite
Nass vom gemeinsamen Leben mit Verstauchungen
sollen sie mich doch in die rechteckigen Räume tragen,
in die rechteckigen Betten,

u tople, kalorične ručkove,
šetnje u pravokutnim amplitudama
da pogled izađe iz opsega straha,
da novostečena sloboda nadglasa
bijeli šum tuđih katastrofa

in warme, kalorienreiche Mittagessen,
Spaziergänge in rechteckigen Amplituden,
damit der Blick aus dem Umfeld der Angst herauskommt,
dass die neu gewonnene Freiheit
das weiße Rauschen anderer Katastrophen übertönt

AILEEN WUORNOS REKONSTRUIRA PROBIJANJE ZVUČNOG ZIDA PUCNJEVIMA

Svijet će se ispod ukradenog automobila
skupiti u jednu istinu,
a onda ću ohrabriti metak koji sam ti pljunula u pluća
Godinama, tijela su samo tonula u cestu
Iskrenost je asfaltirana, ali ja znam gdje može probiti trava

Sad kad je novi obrok izrastao iz mog bedra
i pažljivo je serviran,
dijete koje ne zna da sam mu majka reći će da nije gladno
Ono gricka udove nježnog surogata
Ako je pečenje preslano, djedova jetra vrištat će imperative
u moje stisnute oči i skinuti me do saharozne dječje kože
Onda batine
Onda večera

Brat kaže da dolaze iskusni pauci
koji dlakavim nogama čiste mrak ispod kreveta
Samo moram reći da nemam sjećanje,
da nemam ime, da nemam brata
Onda umrem
Onda doručak
Dva metka, šest, devet njih
Ako se omlet jutarnje svjetlosti ohladi,
dijete koje je jelo iz mene počet će težiti k beskonačnosti,
onda se pokratiti s deset i opet otići

U asfalt je utaknuta prijetnja kao tratinčica iza uha
Ako me dotakneš,
probudit ćeš pištolj
koji spava ispod jezika

AILEEN WUORNOS REKONSTRUIERT MIT SCHÜSSEN DAS DURCHBRECHEN DER SCHALLMAUER

Die Welt wird sich unter einem gestohlenen Auto
zu einer Wahrheit zusammenschließen,
und dann werde ich die Kugel ermutigen, die ich dir in die Lunge spuckte
Jahrelang versanken die Körper nur in der Straße
Die Aufrichtigkeit ist gepflastert, aber ich weiß, wo Gras durchdringen kann

Jetzt, wo eine neue Mahlzeit aus meiner Hüfte gewachsen
und sorgfältig serviert ist,
wird ein Kind, das nicht weiß, dass ich seine Mutter bin, sagen,
dass es nicht hungrig ist
Es nagt an den Gliedern der zarten Leihmutter
Wenn der Braten zu salzig ist, wird Großvaters Leber Imperative
in meine zusammengekniffenen Augen schreien und mich bis auf
die Saccharose-Babyhaut entblößen
Dann Schläge
Dann Abendessen

Der Bruder sagt, dass erfahrene Bullen kommen,
die mit ihren haarigen Beinen die Dunkelheit unter dem Bett wegfegen
Ich muss nur sagen, dass ich keine Erinnerung habe,
keinen Namen habe, keinen Bruder habe
Dann sterbe ich
Dann Frühstück
Zwei Kugeln, sechs, neun davon
Wenn das Omelett des Morgenlichts kalt geworden ist,
wird das Kind, das von mir gegessen hat, anfangen, nach Unendlichkeit
zu streben,
dann es um zehn kürzen und wieder gehen

Im Asphalt steckt die Bedrohung wie ein Gänseblümchen hinter dem Ohr
Falls du mich berührst,
wirst du die Pistole aufwecken,
die unter der Zunge schläft

MEDUZA POPRAVLJA SAMOPOUZDANJE RADEĆI PLETENICU OD ZMIJA

Zmija govori drugoj zmiji,
govori trećoj zmiji, četvrtoj:
Vidimo kako se dan rastvara kao orah
kad udariš glavom o zid,
ali nećeš unutra pronaći suosjećanje
Nisi jedina koju ne razumijemo,
ventilator potiskuje tjeskobu srpnja u lice,
a ne može prevesti ljeto
Zbilja, ljepota ti je otopljena u zmijinu duljinu,
ali ne znaš što je metar
U opranoj kosi izlegla se čudesna mizantropija,
koliko toga šampon može odvezati iz glave

Što možeš učiniti s okamenjivanjem kože
i infracrvenim senzorima?
Vidimo kako si progutala stado ovaca,
njihova vuna mekeće čudesnu toplinu,
ali prsti su ti hladni
kao da uvijek iznova naslućuju:
U hramu je tišina izdubila prozore
i pod jezikom razmotala u bogu
odlučnost da te razlomi
Tvoj bog je silovatelj, ali je bog
i svoj grijeh prebacuje na tvoj jezik
Je li ti gležanj bio preglasan?
Koljena preotkrivena?
Jesi li pogledala prenaglo u pod?
Jesi li presporo?

Metamorfoza kose u zmiju
slična je pitanju slobodne volje
u ustima determinista,

MEDUSA STÄRKT DAS SELBSTBEWUSSTSEIN, INDEM SIE EINEN ZOPF AUS SCHLANGEN MACHT

Eine Schlange sagt zu einer anderen Schlange,
sagt zu einer dritten Schlange, zu einer vierten:
Wir sehen, wie sich der Tag wie eine Nuss zerteilt,
wenn du mit dem Kopf gegen eine Wand schlägst,
drinnen wirst du aber kein Mitgefühl finden
Du bist nicht die Einzige, die wir nicht verstehen,
der Ventilator drängt die Schwere des Julis aus dem Gesicht,
kann ihm aber nicht den Sommer erklären
In der Tat, deine Schönheit ist in die Länge der Schlange geschmolzen,
du weißt aber nicht, was das Maß ist
Auf dem gewaschenen Haar schlüpfte eine wundersame Misanthropie,
wie viel davon kann ein Shampoo vom Kopf entfesseln

Was kannst du mit der versteinerten Haut
und den Infrarotsensoren machen?
Wir sehen, wie du eine Schafherde verschlungen hast,
ihre Wolle mäht eine wundersame Wärme,
deine Finger sind aber kalt,
als würden sie immer aufs Neue ahnen:
Im Tempel höhlte die Stille die Fenster aus,
und unter der Zunge entfesselte sie in Gott
die Entschlossenheit, dich zu zerbrechen
Dein Gott ist ein Vergewaltiger, er ist aber ein Gott,
und seine Sünde überträgt er auf deine Zunge
War das Gelenk zu laut?
Die Knie zu enthüllt?
Hast du zu hastig auf den Boden geschaut?
Hast du es zu langsam getan?

Die Metamorphose der Haare zu Schlangen
ähnelt der Frage nach dem freien Willen
in den Mündern der Deterministen,

kao kad bez karte uđeš u vlak
da saviješ kičmu za bijeg
pa te kondukter uhvati
Kao kad uđeš u biljku
naučiti šutjeti,
ali te cvijet preduhitri

wie wenn du ohne Fahrkarte in den Zug steigst
und die Wirbelsäule zur Flucht beugst
und der Schaffner dich erwischt
Wie wenn du in eine Pflanze steigst
und zu schweigen lernst,
die Blume dir aber zuvorkommt

EUROPA NIKAD NE GOVORI O PRETRPLJENOM NASILJU

Pjesma nakon bodljikave žice
lako uskrsne
pod nečijom nesanicom
Ali ti ne govori drugima
o strahu od nepismenih muškaraca
Dok ti prilaze s rukama mesara,
ne zanosi se kao djevojčica
sretnim završecima

Boga ćeš upoznati
prerušenog u bika
kao i ime u koje si emigrirala
hvatajući se za humor
pod izdržljivom površinom
mršavog trbuha

I nećeš plakati
jer ovo je poslovni svijet,
tvoja toplina
za kotače
kojima su te prenijeli
u pustoš
tuđeg jezika

Europa, nategnuta do urušavanja blizine
Europa, u rani bi trebalo završiti pjesmu,
u plutajućem dječaku
kojeg iznad mora drži
rat lakši od slane vode,
rat na drugoj strani svijeta
gdje ne bismo radili djecu
jer nas stalno nadgleda
bog snajper,
bog ručna bomba

EUROPA SPRICHT NIE ÜBER DIE ERLITTENE GEWALT

Ein Gedicht ersteht nach dem Stacheldraht
leicht wieder auf
unter jemandes Schlaflosigkeit
Du erzähle aber nicht den anderen
von der Angst der schreibunkundigen Männer
Während sie sich dir mit ihren Metzgerhänden nähern,
steigere dich als Mädchen nicht
in ein glückliches Ende hinein

Du wirst einen in einen Stier verwandelten
Gott kennenlernen
sowie den Namen, in den du emigriert bist,
dich am Humor
unter einer beständigen Oberfläche
eines dünnen Bauchs festhaltend

Und du wirst nicht weinen,
denn das hier ist die Geschäftswelt,
deine Wärme
für die Räder,
mit denen sie dich
in die Verwüstung
der fremden Sprache
hinüberbrachten

Europa, angespannt bis zum Zusammenbruch der Nähe
Europa, in der Wunde sollte man das Gedicht beenden,
im treibenden Jungen,
der über das Meer
von einem Krieg gehalten wird, der leichter als Salzwasser ist,
einem Krieg auf der anderen Seite der Welt,
wo wir keine Kinder machen würden,
da wir ständig
vom Scharfschützengott überwacht werden,
vom Handgranatengott

HERINA SOBA

Kad se njegovi prsti
presele iz automobilske gužve
u gužvu tek izbijajućih dlačica,
cesta mi obeća da će brzinu posuditi
mom pomno planiranom bijegu
koji je idejno uvijek dvokorak:
Otvaranje prozora
i skok u nepropusno odijelo žene

Iz koščica u dlanovima dodiri se razliju
brže nego itko zatvori oči
U stvari, ne mogu tvrditi da itko osim mene
ima zatvorene oči
Nitko ih ne može spasiti
Nitko se prebacuje iz žene u ženu
Nitko, ružne riječi u žlici pileće juhe
Nitko, takav nepristojan nitko
Nitko, na papiru imenovan kao muž,
ali tko bi zapravo znao?
Čim iz mene izađe kao noć iz zadimljene sobe,
pod kožom mi zaspu
uplakani paunovi i božje djevojčice

Šutim dokle sežu rečenice

misleći na nepripitomljive mačke
Ponekad satima promatram raskrižja
da vidim kako mačja duša isparava
vraćajući se u peti ili osmi život
iz susreta s ubrzanjem

Kažem mačka, mislim poezija,
mislim riječ zabijena u čelo,
krvarim i mislim nedirnuta knjiga
koja miriše na sve što nemam

HERAS ZIMMER

Wenn seine Finger
raus aus dem Verkehrsstau
in den Stau der aufkommenden Härchen ziehen,
verspricht mir die Straße, mir die Geschwindigkeit
für meine sorgfältig geplante Flucht zu leihen,
die ideenmäßig immer zweistufig ist:
Das Öffnen des Fensters
und der Sprung in den undurchlässigen Frauenanzug

Aus den Knochen in den Handflächen zerfließen Berührungen
Schneller, als irgendjemand die Augen schließt
Eigentlich kann ich nicht behaupten, dass irgendjemand außer mir
geschlossene Augen hat
Niemand kann sie retten
Niemand versetzt sich von Frau zur Frau
Niemand, hässliche Worte im Löffel der Hühnersuppe
Niemand, so ein unhöflicher Niemand
Niemand, auf dem Papier Ehemann genannt,
wer könnte das aber überhaupt?
Sobald er aus mir herauskommt wie die Nacht aus einem
verrauchten Zimmer,
schlafen unter meiner Haut
weinende Pfaue und Gottesmädchen ein

Ich schweige bis wohin die Sätze reichen

denke an ungezähmte Katzen
Manchmal beobachte ich stundenlang Kreuzungen,
um zu sehen, wie eine Katzenseele verdunstet
und durch die Begegnung mit der Beschleunigung
ins fünfte oder achte Leben zurückkehrt

Ich sage Katze, meine Poesie,
meine das in die Stirn festgenagelte Wort,
ich blute und meine das unberührte Buch,
das nach all dem riecht, was ich nicht habe

DUŠA JYOTI SINGH PIJE KAVU KRAJ MENE I UPOZORAVA ME NA PROMATRAČA IZ KOJEG MOŽE IZRASTI ŠIPKA

I zabiti se, kao u mene
Zapravo se probijala
udarana organima, nezaustavljiva
Bilo je nadrealno preživjeti,
gledati u kovanicu sunca,
a osjećati isparavanje svijesti
Ti imaš kćer, imaš program za pohranu sebe
na neobrijanom licu sadašnjosti,
neobrijanom kažem jer sam osjetila dlačice
dok sam pripitomljavala nasrtaj smrti

Ja imam pjesmu za tebe:

Iz upeklog kapitalizma iskaču sverezive muške
čeljusti
i već su ekosustav ti brižni očevi,
muževi, djedovi, braća,
prijatelji, susjedi, učitelji
Ispod dobroćudne množine nazire se opasnost
brža od zvuka
Izrežu i prerežu
te čeljusti žilavu žensku prirodu
mameći refleksivnom pristojnošću

Suton, naoružan bukom
Ja, opremljena slanim zanosom iz filma,
u autobus sjedam naivna kao dnevno svjetlo
Situacija je brzo bolnija od gušenja
Nataknu mi povjerenje na farove i polako
čupaju stanište iz tijela

JYOTI SINGHS SEELE TRINKT NEBEN MIR KAFFEE UND WARNT MICH VOR DEM BEOBACHTER, AUS DEM EINE STANGE HERAUSWACHSEN KANN

Und sich festklemmen kann, wie in mir
Tatsächlich drang sie
von Organen geschlagen unaufhaltsam durch
Es war surreal, das zu überleben,
in die Münze der Sonne zu schauen
und die Verdunstung des Bewusstseins zu fühlen
Du hast eine Tochter, hast ein Programm für die eigene Pflege
im unrasierten Gesicht der Gegenwart,
ich sage unrasiert, weil ich die Stoppeln spürte,
während ich den Ansturm des Todes bändigte

Ich habe ein Gedicht für dich:

Aus dem erhitzten Kapitalismus springen allesschneidende männliche Gebisse
und diese fürsorglichen Väter,
Ehemänner, Großväter, Brüder,
Freunde, Nachbarn, Lehrer
sind schon ein eigenständiges Ökosystem
Unter der wohlwollenden Menge lauert Gefahr,
schneller als der Schall
Mit einer reflexiven Höflichkeit lockend
schneiden und durchschneiden diese Gebisse
die zähe weibliche Natur

Die Dämmerung, mit Lärm bewaffnet
Ich, ausgerüstet mit der salzigen Wirkung des Films,
setze mich in den Bus, naiv wie das Tageslicht
Die Situation ist schnell schmerzhafter als das Ersticken
Sie stecken mir Vertrauen an die Scheinwerfer und
reißen langsam den Lebensraum aus dem Körper

Kraj ceste me ostave golu
da na mene nalegne ponoć
i ponovno me oplodi
mokrim jutrom,
sjemenkom nemoći
u svakoj masnici

Sie lassen mich nackt am Straßenrand zurück,
damit die Mitternacht auf mich herabfällt
und man befruchtet mich wieder
mit einem nassen Morgen,
mit dem Samen der Ohnmacht
in jeder Schramme

KRATKI PREDAH ZA USKRSNUĆE

Prašnjava duša Sylvije Plath
parkira se nepropisno
bogu u susjedstvo
s odlukom:
cijeli dan lovit ću mu
u inat
bilo kakve voljene ptice
i njihova srca mljeti u kavu
za besmislene razgovore
o njegovom
neizlječivom
strahu
od Eve

KURZE ATEMPAUSE FÜR DIE WIEDERAUFERSTEHUNG

Die staubige Seele von Sylvia Plath
parkt unvorschriftsmäßig
bei Gott in der Nachbarschaft
mit dem Entschluss:
Den ganzen Tag werde ich ihm
zum Trotz
irgendwelche geliebten Vögel jagen
und ihre Herzen zu Kaffee mahlen
für sinnlose Gespräche
über seine
unheilbare
Angst
vor Eva

KVANTNA PEPELJUGA

Jajnici orbitiraju zbog mramora,
smrznuta šutnja uspinje se bosonogoj u toplinu
Bez gaćica razumije
da svaku ženu napusti koža,
dok pere muževa leđa
ili u nju penetrira četverokaratna kruna
Ptice iz srca polijeću na autopilotu
i po tko zna koji put
promišlja sestre
kao neprežaljenu toplinu
sigurna da joj nedostaju
kao što svakom nedostaje
batina koja je ipak bila predvidiva
U krevetu dan napet
do iznemoglosti,
namještaj izdiše lijenost
Dosadno je, ako ne i opasno,
kad princ dolaskom
ohladi kisik do kondenzacije
utapajući je zagrljajem

Vrane zaslađuju vrijeme
glasnim raspravama
Kad ih čuje, umišlja prijateljice
s kojima dugo govori o ljubavi u metaforama
Kaže da je ljubav zaklana perad
ili prostrijeljeno krilo
Moguće su razne interpretacije

Njen kontinent sabijen u neispričano tijelo
Strahovi su sobe kojima tapkaju
žene učahurene u neispravne metke,
žene oblaci za privatnu kolekciju obzora

QUANTEN-ASCHENPUTTEL

Die Eierstöcke kreisen wegen des Marmors,
gefrorene Stille steigt der Barfüßigen in die Wärme
Ohne Unterhöschen versteht sie,
dass die Haut jede Frau verlässt,
während sie den Rücken des Ehemannes wäscht
oder eine vierkarätige Krone sie penetriert
Vögel heben mit dem Autopiloten aus dem Herzen ab
und zu wer weiß schon welchem Mal
denkt sie an die Schwestern
wie an eine nicht überwundene Wärme,
ist sich sicher, dass sie ihr fehlen
wie jedermann Schläge fehlen,
die dennoch vorhersehbar waren
Ein bis zur Erschöpfung
angespannter Tag im Bett,
die Möbel atmen Trägheit aus
Es ist langweilig, wenn nicht sogar gefährlich,
wenn der Prinz mit seiner Ankunft
den Sauerstoff bis zur Kondensation abkühlt,
während er sie mit einer Umarmung ertränkt

Krähen versüßen das Wetter
mit lautstarken Diskussionen
Wenn sie sie hört, stellt sie sich ihre Freundinnen vor,
mit denen sie lange in Metaphern über die Liebe spricht
Sie sagt, dass die Liebe geschlachtetes Geflügel
oder ein durchschossener Flügel sei
Verschiedene Interpretationen sind möglich

Ihr in einen unerzählten Körper gepresster Kontinent
Ängste sind Räume, durch die
die in defekte Kugeln eingehüllten Frauen tappen,
Frauen, Wolken für eine Privatsammlung von Horizonten

I sve bi to bilo dovoljno
da je nebo moguće
ugraditi pod kuću

Und das alles würde reichen,
wenn es möglich wäre, den Himmel
unter dem Haus einzubauen

PRINCEZA JE U JEDNOJ OD MOGUĆIH STVARNOSTI EVOLUIRALA U ŽRTVU OBITELJSKOG NASILJA

Budućnost je prebrzo došla,
budućnost je došla neočekivano
kao pogled u vlastitu plitku sreću
Što god mislili o zgarištu,
činilo ti se da je toplina bitnija od slobode
Odrezani prsti sestara,
odlazak iz kojeg je izrasla
nova šuma, zamjenska obitelj
Ali i ona te izručivala
njegovom stisku
ostavljajući panjeve na koži
da zapinješ
kad želiš
reći ne

Ako te uguši ljubavlju,
srce na vrijeme reanimira
Mrtvoj ti i živoj u grudi
sadi električne pulseve
dok raznježen gugućе:
prelijepa si
da te režem
režem
režem

U postelji je već razmotana
digitalna revolucija
koja se nipošto ne tiče glasnog stada
o kojem svakodnevno brineš
Tvoje noge
umočene u riječno grlo

DIE PRINZESSIN IST IN EINER DER MÖGLICHEN REALITÄTEN ZUM OPFER HÄUSLICHER GEWALT EVOLVIERT

Die Zukunft kam zu schnell,
die Zukunft kam unerwartet
wie ein Blick ins eigene flache Glück
Was auch immer man von der Brennstelle halten mag,
es schien dir, dass Wärme wichtiger als Freiheit sei
Abgeschnittene Finger der Schwestern,
Ausbruch, aus dem
ein neuer Wald herauswuchs, Ersatzfamilie
Aber auch sie hatte dich
seinem Griff ausgehändigt
hinterließ auf der Haut Knorze,
damit du stolperst,
wenn du
nein sagen willst

Falls er dich mit Liebe erstickt,
reanimiert das Herz rechtzeitig
Tot und lebendig pflanzt er in deine Brust
elektrische Pulse,
während er sanft säuselt:
du bist zu wunderschön,
als dass ich dich schneide
schneide
schneide

Im Bettlaken ist schon
die digitale Revolution aufgewickelt,
die keinesfalls die laute Herde betrifft,
um die du dich tagtäglich kümmerst
Deine Beine
in die Flussschlucht getaucht,

dok promišljaš
kako je vodi zauvijek
pristojno
leći u usta

während du darüber nachdenkst,
wie es wäre
sich für immer
höflich
in den Mund des Wassers zu legen

MARY JANE KELLY I ANA (17, OSIJEK, OSTAVLJENA DA ISKRVARI) PROMIŠLJAJU OŠTRICU

Mogla bih biti dugonoga antilopa
i preskočiti krvotok grada,
kada bih se dovoljno dugo izmišljala vjerojatno bih
pobjegla rutinskom namještanju ramena u tjedan

Nož je samouvjeren
kao crna rupa u centru Mliječne staze,
ali možda ruka zadrhti
Možda se predomisli
ako zaključi da se jutros
neimenovana žalost kondenzirala
u sobnoj djevici Mariji

Ili ništa od navedenog

Vjerujem da božja štucavica
ponekad aktivira tektonske ploče,
ali ne vjerujem u boga
kojeg zanimaju mravi

Tako je i ulica već posuta njegovim koracima,
slutim da će rez moje kore biti umjetnički čin
Život se ionako nastanio u meni
slučajno kao rijeka u podrume
Ja sam i crvenokosa, i brineta, i svekosa,
privlačan prostor za provesti popodneva

Nožem će prekrojiti tijelo
i onda će opet usnuti
kako majka presađuje kućnu radost
iz jedne tegle u drugu
dok joj biljka dovikuje
da treba više,
više od vode

MARY JANE KELLY UND ANA (17, OSIJEK, DAGELASSEN UM AUSZUBLUTEN) DENKEN ÜBER DIE KLINGE NACH

Ich könnte eine langbeinige Antilope sein
und den Blutkreislauf der Stadt überspringen,
wenn ich mich lange genug erfände, würde ich wahrscheinlich der
routinemäßigen wöchentlichen Schulteranpassung entfliehen

Das Messer ist souverän
wie das Schwarze Loch in der Mitte der Milchstraße,
vielleicht wird aber die Hand zittern
Vielleicht ändert er seine Meinung,
wenn er feststellt, dass sich heute Morgen
die namenlose Trauer
im Zimmer der Jungfrau Maria
kondensiert hat

Oder nichts von dem Angeführten

Ich glaube, dass Gottes Schluckauf
ab und an die tektonischen Platten aktiviert,
aber ich glaube nicht an einen Gott,
den Ameisen interessieren

So ist die Straße bereits mit seinen Schritten übersät,
ich ahne, dass der Schnitt in meiner Rinde ein Kunstwerk sein wird
Das Leben hat sich ohnehin versehentlich in mir angesiedelt
wie ein Fluss in Kellern
Ich bin eine Rothaarige und Brünette und Allhaarige,
ein reizvoller Ort für das Verbringen der Nachmittage

Mit dem Messer wird er dcn Körper umgestalten
und dann wieder träumen,
wie die Mutter die häusliche Freude
aus einem Glas in ein anderes umpflanzt,
während ihr die Pflanze zuruft,
sie brauche mehr,
mehr als Wasser

SKLONIŠTE ZA ŽENE

Mi gluhe i neuhranjene srne
hranjene poezijom
kojima mladunčad
grize ugašene dojke

Sve mi
s jednom nogom
na kilometrima udaljenoj livadi
u željeznoj zamci

čekamo da netko opiše
što je to

sigurna noć

FRAUENHAUS

Wir tauben und unterernährten
mit Poesie genährten Rehe,
denen Jungtiere
an der ausgelöschten Brust nagen

Wir alle
mit einem Bein
auf einer meilenweit entfernten Wiese
in einer eisernen Falle

warten darauf, dass jemand beschreibt,
was das ist

eine sichere Nacht

2016. VIŠNJA LJUBIČIĆ IZVJEŠTAVA KAKO JE U ZADNJIH DESET GODINA U HRVATSKOJ UBIJENO GOTOVO TRI STOTINE ŽENA

A onda progovori crna kronika
i poteče iz televizora
vijest da je
pred desetogodišnjim sinom
trudnu ženu
usmrtio bivši branitelj
Do tada tih i povučen
poput bosonogog sveca,
možda samog Isusa
koji bi sigurno pomogao
da križ iznad kreveta
nije prepolovljen

Žene
uparene u strujne krugove
Upaljene
Ugašene
U prvom tramvaju
umorno rastegnu masnice
čekajući da na idućoj stanici
povjeruju kako su uskrsnule
kao čistokrvne Marije
čiji dolazak kupa zemljin trbuh
kipućim svjetlom
Ponekad odu na posao
i nikad se ne vrate

Školarci bez majki
dugo bude pijane očeve
vukući im nosove
koji su rastući s pričama

2016 BERICHTET VIŠNJA LJUBIČIĆ, WIE IN DEN LETZTEN ZEHN JAHREN IN KROATIEN FAST DREIHUNDERT FRAUEN GETÖTET WURDEN

Und dann sprach die schwarze Chronik,
und im Fernsehen kam
die Nachricht, dass
vor dem zehnjährigen Sohn
eine schwangere Frau
ein ehemaliger Verteidiger tötete
Bis dahin ruhig und zurückgezogen
wie ein barfüßiger Heiliger,
gar wie Jesus, der sicher geholfen hätte,
wenn das Kreuz über dem Bett
nicht zweigeteilt wäre

Frauen
in Stromkreise gepaart
Angezündet
Ausgelöscht
In der ersten Straßenbahn
dehnen sie müde ihre blauen Flecken
und warten, dass sie an der nächsten Haltestelle
darauf vertrauen können, dass sie
als vollblütige Marias
wiederauferstehen,
deren Ankunft den Erdbauch
mit kochendem Licht badet
Manchmal gehen sie zur Arbeit
und kommen nie wieder zurück

Mutterlose Schulkinder
wecken lange ihre betrunkenen Väter,
an ihren Nasen ziehend,
die von den Geschichten

o majkama kurvama
s godinama probili
sve zidove i prozore
hrčući kao kombajni
pred posljednju žetvu

über die Mutterhuren wuchsen
und mit den Jahren
schnarchend wie Mähdrescher
vor der letzten Ernte
alle Wände und Fenster durchbrachen

EMANCIPACIJA PJESNIKINJE

Rekao je
teško ću savladati otpor alegorije
On, iz maternice pjesnik
hranjen rimom i ritmom kroz posteljicu
Ja, djevojčura sa sela
s naramkom kukuruza
za koji tvrdim da su riječi
Rekao je ženama nije mjesto s pjesmama
i neka maknem tu knjigu
jer izgledam smiješno

Potom motika, oružje zločina,
mada ovo nikako ne znači
priznanje krivnje
On sada natapa stranice
Glagoli izrastaju iz neživa jezika,
šireći se kao virusi
Probadaju ptice
Što s takvim stradalnicima?

Jednostavno, otkrio je pjesnik
prije nego je izdahnuo:
Vidaš im rane da ih pripitomiš,
a kad ih pustiš
poezijom zaraze jata,
jata zaraze antene, balkone i mačke,
mačke svoje vlasnike,
oni svoju djecu
i tako dalje

EMANZIPATION DER DICHTERIN

Er sagte,
den Widerstand der Allegorie werde ich schwer bewältigen
Er, ein Dichter aus dem Mutterleib
mit Reim und Rhythmus durch die Plazenta genährt
Ich, ein Mädel vom Dorf
mit einer Handvoll Mais,
von dem ich behaupte, es seien Worte
Er sagte, für Frauen gebe es bei Gedichten keinen Platz
und ich solle das Buch weglegen,
weil ich lächerlich aussehe

Dann die Hacke, die Waffe des Verbrechens,
obwohl das keinesfalls
ein Schuldeingeständnis ist
Jetzt tränkt er die Seiten
Verben wachsen aus der unlebendigen Sprache,
verbreiten sich wie Viren
Durchbohren die Vögel
Was tun mit solchen Leidtragenden?

Einfach, offenbarte der Dichter,
bevor er seinen letzten Atemzug nahm:
Du heilst ihre Wunden, um sie zu zähmen,
und wenn du sie freilässt,
infizieren sie mit der Poesie Schwärme,
Schwärme infizieren Antennen, Balkone und Katzen,
Katzen ihre Besitzer,
diese ihre Kinder
und so weiter

O PRVOM SUSRETU PJESNIKINJE I PJESME

Imala sam spremne alate za obrađivanje djetinjstva
i samo što se nisam bacila u gorkost posla
ja djevojčica, lažljiva koštica,
ja majka, neispravna voćka,
prepolovljena raspadom u kompost
za leteće riječi kojima se češljaju
prve naoblake srca
Mogla sam strpljivo na stol iznijeti
pun tanjur laži, preduhitriti pjesmu
i prstom joj nacrtati oči
da ugleda nedjelju ili urednu čitateljicu
Mogla sam joj našminkati samoglasnike,
nagovoriti je da useli
pod perje južnog cvrkuta,
promijeni magnetske polove knjiga
Mogla sam, ali sam instinktivno priznala:
U mojoj galaksiji zvijezde se rađaju kao abeceda,
u maglicama pršti od glasovnih promjena
Muž mi je prasunce koje grije moje praznine
okamenjene kao prve fosile,
najveća je da ne znam
razgovarati s ljudima

Tako me u kalendar zabilježila pjesma
kao nesvakodnevan događaj:
Ti si djevojčica čija se fizika ne može slovkati
Ti si žena čija je proizvodnja sreće
neprimjerena podrijetlu iz gomolja
Sintaksu prema meni, kao da te portretiram,
kaže pjesma i posegne riječima u kosu poput kćeri
Premeće pramenove i susrete,
razmješta zagrljaj kao dnevni boravak

VON DER ERSTEN BEGEGNUNG DER DICHTERIN UND DES GEDICHTS

Ich hatte vorbereitetes Werkzeug zum Aufarbeiten der Kindheit,
und fast hätte ich mich in die Bitterkeit der Arbeit gestürzt,
ich Mädchen, ein lügender Kern,
ich Mutter, eine beschädigte Frucht,
durch die Zersetzung zu Kompost
für fliegende Worte halbiert, mit denen man
die ersten Gewitterwolken des Herzens kämmt
Ich konnte geduldig einen vollen Teller Lügen auftischen,
dem Gedicht zuvorkommen
und ihm mit dem Finger Augen zeichnen,
damit es den Sonntag oder eine ordentliche Leserin sieht
Ich konnte ihm Vokale schminken,
es dazu überreden, dass es
unter die Federn der südlichen Vogelgezwitscher zieht,
die magnetischen Pole der Bücher verändert
Ich konnte, gab aber instinktiv zu:
In meiner Galaxie werden Sterne wie ABCs geboren,
im Nebel sprießt es von Lautwechseln
Mein Mann ist meine Ursonne, die meine Leere wärmt,
die wie die ersten Fossilien versteinert ist,
die größte ist, dass ich nicht
mit Menschen reden kann

So hat mich das Gedicht in den Kalender
als ein nicht alltägliches Ereignis eingetragen:
Du bist ein Mädchen, dessen Physik nicht buchstabiert werden kann
Du bist eine Frau, deren Erzeugung des Glücks
unangemessen für eine Herkunft aus der Knolle ist
Her mit der Syntax, als würde ich dich porträtieren,
sagt das Gedicht und greift mit den Worten ins Haar wie die Tochter
Es verrückt die Strähnen und Begegnungen,
ordnet die Umarmung wie ein Wohnzimmer um

Što će oživjeti poezijom
ako ne bubrenje tuge,
žena beskonačno razmaknuta od kopna,
pust parlament, opljačkana sela,
glasna tišina izumiranja
koja se jučer skupila
u dječji doručak

Was kann sie mit Poesie erwecken,
wenn nicht das Anschwellen der Trauer,
eine vom Land weit entfernte Frau,
ein gottverlassenes Parlament, geplünderte Dörfer,
eine laute Stille des Aussterbens,
die sich gestern
im Kinderfrühstück sammelte

TA PJESMA, TO NIKAKO NISAM MOGLA BITI JA

U glavi tvoji prsti ponovljeni
za rekonstrukciju rečenice,
elektricitet koji ne može
oprati od mraka

U udovima prepisani pokreti,
majčino lupanje vratima
zarazilo je ljeto neizbježnom grubošću
Godinama kasnije govorit će
da sam neprirodno tvrda,
da će taj izostanak nježnosti
inficirati one koje pokušam voljeti

Stajala sam s dlanovima na ušima
kad je ljubav eksplodirala

Razmišljat ću o zagorjelom ručku,
hoćeš li se prehladiti
u kariranoj kratkoj košulji na odlasku
Pravit ću se da sam
slučajno kihnula baš sada
kada si prisvojio natrag
kubični metar zraka
ne mareći za razbijena jaja
pod mojim otkucajima
Ali ne umire se od ljubavi,
već od neplaćenih računa
javljaju mi nenačete gusjenice
iz trbuha
svjesne da im je ukradena
mogućnost leptira

DAS GEDICHT, DAS KEINESFALLS HÄTTE ICH SEIN KÖNNEN

Im Kopf deine wiederholten Finger
zur Rekonstruktion des Satzes,
Elektrizität, die die Dunkelheit
nicht wegwaschen kann

In den Gliedern abgeschriebene Bewegungen,
Mutters Türschlagen
infizierte den Sommer mit unvermeidlicher Grobheit
Jahre später wird sie sagen,
dass ich unnatürlich hart bin,
dass die Abwesenheit der Sanftheit
die infizieren wird, die ich zu lieben versuche

Ich stand mit den Händen an den Ohren,
als die Liebe explodierte

Ich werde über das verbrannte Mittagessen nachdenken,
ob du dich in dem karierten kurzen Hemd
beim Weggehen erkälten wirst
Ich werde so tun, als hätte ich
aus Versehen gerade jetzt geniest,
wenn du den Kubikmeter Luft
wieder an dich nimmst,
ohne dass dich die kaputten Eierstöcke
unter meinem Pochen kümmern
Man stirbt aber nicht von Liebe,
sondern von unbezahlten Rechnungen,
sagen mir die unangetasteten Raupen
in meinem Bauch,
wohl wissend, dass ihnen die Möglichkeit,
zu einem Schmetterling zu werden, gestohlen wurde

Tako se ne razgovara sa srcem
Ono ne zna ništa
o prosječnim primanjima
potplaćene profesorice
ili preozbiljne pjesnikinje
Nauči od svog srca
poštovanje prema mraku
Samo kad vodiš ljubav
nemoj gasiti svjetlo

So spricht man nicht mit dem Herzen
Es weiß nichts
über das Durchschnittseinkommen
der unterbezahlten Professorin
oder der allzu ernsthaften Dichterin
Lerne von deinem Herzen
den Respekt vor der Dunkelheit
Einzig wenn du Liebe machst,
dann schalte das Licht nicht aus

JOŠ JEDNA PJESMA S DVIJE NEPOZNANICE

Prvo su žene isparavale
u laboratorijske mišice
i knjiške moljčice
kroz muške ruke,
a onda je
Jefimija zagrizla
lakomisleno
poput Eve
pjesmu,
Marie
epruvetu

Ekvivalentno je:

Želim umrijeti od poezije
ili spoznaje
Neka bude radioaktivna
i neka se prenosi kćerima
s koljena na koljeno
kao rana
prvog pada

NOCH EIN GEDICHT MIT ZWEI UNBEKANNTEN

Zunächst evaporierten die Frauen
zu Labormäusen
und Bücherwürmern
durch Männerhände,
und dann hat Jefimija
leichtfertig
wie Eva
in das Gedicht
hineingebissen,
Marie
in das Reagenzglas

Äquivalent:

Ich möchte von der Poesie sterben
oder der Erkenntnis
Sie sollte radioaktiv sein
und an die Töchter weitergegeben werden
von Generation zu Generation
wie die Wunde
des ersten Falls

PJESNIKINJA NE, ALI MARIA GOEPPERT MAYER MOGLA JE NEOMETANO SANJATI ATOMSKE JEZGRE

Mogla si niknuti iz kratera na Veneri
i obrasti mlade na zavodu za zapošljavanje
entuzijazmom da radiš za jednadžbe
Tvoja je ljubav prema fizici
imala nuklearni reaktor
pa si s lakoćom talila muško nepovjerenje
Volontirala, volontirala, volontirala

Jer odbijali su povjerovati
u tvoja rješenja čak i kad je
svemir naglas pričao:
Hej, Maria, ovdje kozmos,
preselit ću u tvoje cvjetne haljine
da ti se objasnim
protonskim srcima
Samo slušaj!

Zamišljam kako su ti u zagušljivom uredu
iz stola izrastali teoremi
i možda sam ljubomorna
jer si mogla gurnuti glavu
na dno matematike
ne misleći pritom što jesti
Zbilja, što večerati usred polja brojeva?

Ne mogu zaboraviti kako u kukuruzištu
djevojčica umjesto zrnja sabire zvijezde
Dosada života bez sugovornika
ponekad je dovede do crne rupe
koja je često ispljune
kao što obrazovanje

DIE DICHTERIN NICHT, ABER MARIA GOEPPERT-MAYER KONNTE UNGESTÖRT VON ATOMKERNEN TRÄUMEN

Du hättest aus dem Krater auf der Venus entspringen
und junge Menschen auf dem Arbeitsamt
mit der Begeisterung überwuchern können, dass du für Gleichungen arbeitest
Deine Liebe zur Physik
hatte einen Kernreaktor,
und mit Leichtigkeit hast du das Misstrauen der Männer geschmolzen
Volontiert, volontiert, volontiert

Denn sie weigerten sich, an deine
Lösungen zu glauben, selbst dann, als
das Universum laut sprach:
Hey, Maria, hier ist der Kosmos,
ich werde in deine geblümten Kleider ziehen,
um mich dir mit Protonenherzen
zu erklären
Hör nur zu!

Ich stelle mir vor, wie dir im stickigen Arbeitszimmer
Theoreme aus dem Tisch wuchsen,
und es kann sein, dass ich eifersüchtig bin,
weil du den Kopf
auf den Grund der Mathematik
drücken konntest,
ohne darüber nachzudenken, was man essen wird
Tatsächlich, was könnte man mitten in einem Zahlenfeld zu Abend essen?

Ich kann nicht vergessen, wie im Maisfeld
das Mädchen Sterne statt Körner zählt
Die Langeweile des Lebens ohne Gesprächspartner
bringt sie manchmal bis zum Schwarzen Loch,
das sie oft ausspuckt
wie die Bildung

ispljune siromašne djevojčice
Na kraju sam samo imala sreće

I možda sam malo ljubomorna, Maria
jer si ti tvrdoglavo sanjala
kad je mržnja padala u šrapnelima,
jer si uvijek vjerovala
u mikroskopsko srce stvarnosti
i da mogućnosti takvog svijeta
mogu izliječiti čovjeka

arme Mädchen ausspuckt
Letztendlich hatte ich einfach nur Glück

Und vielleicht bin ich etwas eifersüchtig, Maria,
weil du hartnäckig geträumt hast,
als der Hass in Splittern fiel,
weil du immer
an das mikroskopische Herz der Realität geglaubt hast,
und dass die Möglichkeiten einer solchen Welt
den Menschen heilen können

ADU LOVELACE IZJEDA RAČUNALNA LOGIKA, KASNIJE ADA IZJEDA TURINGA

Londonski štakori dobrovoljno
ulaze mačkama u zalogaj,
u prijevodu: grad je toliko gladan
da nula meandrira ulicama
Nulu opipavaš
i u strogosti odgoja,
a kad nitko ne gleda
izrezuješ ljubav čim
oksidira ispod suknje
Ovdje otkuda promatraš,
matematika je pogon zbilje
čak i u mužu

koji ne prigovara, pokrije te kad usniš i pusti
da te veliki stroj probavlja s π
do beskonačnosti
dok u istom snu Erato,
okružena mačkama, dementna,
čisti kaučeve i psuje tvog oca

Dolje smrad kao da je mokraća oprala noć,
žene škripe dok prerastaju korzete
i kad se već umoriš od brojeva
legneš u očevu pjesmu, Childea Harolda
da vas zajedno izjeda kiselost tla
iako se nikad niste poznavali
osim u kromosomima
koji su ispravljeni
da umjesto poezije
govore neuronima
Alana Turinga

ADA LOVELACE ZERFRISST DIE COMPUTERLOGIK, SPÄTER ZERFRISST ADA TURING

Londoner Ratten springen freiwillig
in die Mäuler der Katzen,
übersetzt: Die Stadt ist so hungrig,
dass die Null durch die Straßen schlendert
Du tastest die Null
auch in der Strenge der Erziehung,
und wenn niemand hinschaut,
schneidest du die Liebe ab, sobald sie
unter dem Rock oxidiert
Hier, von wo aus du sie betrachtest,
ist die Mathematik der Antrieb der Wirklichkeit
sogar beim Ehemann,

der nicht klagt, er deckt dich zu, wenn du einschläfst und lässt zu,
dass dich die große Maschine mit π verdaut
bis zur Unendlichkeit,
während in demselben Traum Erato,
umkreist von Katzen, dement,
Sofas reinigt und über deinen Vater schimpft

Unten ein Gestank, als hätte Urin die Nacht gewaschen,
Frauen quietschen, während sie aus den Korsetts herauswachsen,
und wenn du schon müde von den Zahlen bist,
legst du dich in Vaters Gedicht, Childe Harolds,
damit euch die Bodensäure gemeinsam zerfrisst,
obwohl ihr euch nie gekannt habt,
außer in den Chromosomen,
die so korrigiert wurden,
dass sie statt mit Poesie
mit Alan Turings
Neuronen sprechen

TELESKOPI JOCELYN BELL PRIBLIŽAVAJU PJESNIKINJI PRAZNINU

U pupku velikog praska
učili su te šivati gumbe na košuljama,
da je svemir unutar lonca
da su svježe ubrane glavice cvjetače
jedine rasprsnute zvijezde

Nikad ti nisu rekli da žena može
rastvoriti noć kao jaje ako poželi,
da iz grudnjaka može uperiti teleskop
ne kako bi pronašla izdanke brkova na ženskim licima
koji se moraju kratiti kao rečenice
Glasnija, moraš biti glasnija
kad prevodiš usmrćene jezgre topline

Najgore je kad oči bole od rotacije svibnja,
pulsar naginje vakuum u točku
Ono što se prolijeva skupljaš u antenu,
iz nepravilnih signala buja optika

Kažeš da si oprostila
što su ti ismijali pa prisvojili nebo
Što su oni znali, Jocelyn, o tvojim teleskopima
koje si mogla sazrijeti iz moždine
kao sir iz mlijeka

Sad kad čučiš u katalozima neba
ne možeš primijetiti da i pjesnikinjama
sreća razmješta tijelo
nevoljko kao sol zaleđenu cestu
Nose ambicije umjesto podočnjaka,
a onda život potapa

DIE TELESKOPE VON JOCELYN BELL BRINGEN DER DICHTERIN DIE LEERE NÄHER

Im Nabel des Urknalls
lehrten sie dich, Knöpfe an Hemden zu nähen,
dass das Universum im Topf ist,
dass die frisch gepflückten Blumenkohlköpfe
die einzigen zersprengten Sterne sind

Sie haben dir nie gesagt, dass eine Frau
die Nacht wie ein Ei zerschlagen kann, wenn sie das will,
dass sie ein Teleskop aus dem Bustier richten kann,
nicht um Schnurrbart-Stoppeln auf Frauengesichtern zu finden,
die wie Sätze gekürzt werden müssen
Lauter, du musst lauter sein,
während du die toten Wärmekerne übersetzt

Am schlimmsten ist es, wenn die Augen von der Mairotation schmerzen,
der Pulsar kippt das Vakuum im Rad
Das, was verschüttet ist, sammelst du in eine Antenne,
von den unregelmäßigen Signalen wächst die Optik

Du sagst, dass du vergeben hast,
dass sie dich verspottet und sich dann den Himmel angeeignet haben
Was wussten sie überhaupt, Jocelyn, über deine Teleskope,
die du aus dem Gehirn reifen lassen konntest
wie Käse aus Milch

Jetzt, wo du in den Katalogen des Himmels hockst,
kannst du nicht erkennen, dass auch den Dichterinnen
das Glück den Körper umordnet,
widerwillig wie Salz auf einer vereisten Straße
Sie tragen Ambitionen statt Augenringe,
und dann versenkt sie das Leben,

i pored kuhinje, djece, pegle, mačke
zaborave udahnuti
Tako je jednostavno, Jocelyn

und neben der Küche, den Kindern, dem Bügeleisen, der Katze
vergessen sie einzuatmen
So einfach ist es, Jocelyn

VLAKOVI ILI O LJUBAVI PJESNIKINJE PREMA VRONSKOM

U brzoj kretnji vlaka
sumaglica razrjeđuje interpunkciju
i oblik životinja kraj ceste
Krajolik besmisleno definiran kao metafora,
koja uz cestu uzgaja
torzo šume ili pjesmu,
božje kašljeve u električnoj mreži

Šutnja je pokušaj istovremenosti svih mogućih
ishoda
Tako putovanje razgrađuje tijela
U jednoj od izglednih stvarnosti
razbijena rečenica upravo je osvijetlila galaksiju
i ja sam ta suicidalna jedinka iz roja mušica
koja nadglasava prepirku s tračnicama

Trebala sam znati da je urednost, ne ljubav
ispravan način komunikacije sa svijetom
Pedantno složene kosti, godišnja doba,
metamorfoze
pjesme poredane po abecedi, herbarij
Nešto između nas opustošilo je polja žitarica,
sada smo glad i neimaština,
preseljeni iz srca u izlizana sjedala

Prije nego svemir ponovno zažmiri
reci mi, Vronski,
jesu li ti prsti još u mom mesu?

ZÜGE ODER ÜBER DIE LIEBE DER DICHTERIN ZU WRONSKIJ

In der schnellen Bewegung des Zuges
löst der Nebel die Interpunktion auf
sowie die Gestalt der Tiere am Straßenrand
Die Landschaft ist so sinnlos definiert wie eine Metapher,
die am Wegesrand
den Torso des Waldes oder ein Gedicht pflegt,
Gottes Husten im Stromnetz

Die Stille ist der Versuch einer Gleichzeitigkeit aller möglichen
Endergebnisse
So zerlegt die Reise die Körper
In einer der möglichen Realitäten
hat der zerlegte Satz gerade die Galaxie erhellt
und ich bin das suizidale Individuum eines Fliegenschwarms,
das den Krach mit den Gleisen übertönt

Ich hätte wissen müssen, dass Ordnung, nicht Liebe
die richtige Kommunikationsform mit der Welt ist
Akribisch geordnete Knochen, Jahreszeiten,
Metamorphosen,
alphabetisch geordnete Gedichte, Herbarium
Etwas zwischen uns hat die Getreidefelder verwüstet,
jetzt sind wir nur Hunger und Elend,
überführt aus dem Herzen in abgenutzte Sitze

Bevor das Universum wieder die Augen zudrückt,
sag mir, Wronskij,
sind deine Finger immer noch in meinem Fleisch?

JAČA ŽENA ILI O OPĆIM MJESTIMA PJESNIKINJE

Uvijek je tako kad se ne razumijemo,
tijelo se skuplja u jedninu
i čahura je premala da zadrži nemir

Jača žena izlegne se u slabijoj kao kornjača
u danima kad kiša preduhitri djevojčice u njima
Nakon što izgovorim
prometne nesreće,
recikliram kroz jutro putanje rakova
koji su pobjegli mreži
kao Emmina struktura muškarcima

Hajde, znaš kako je s poledicom,
oklizneš se na nespavanje
i onda slova probijaju kožu
A trebalo je uhvatiti se ukoštac s pojmom ženske
poezije,
razgraditi metaforu ozbiljno kao mesni obrok
i reći vegetarijanstvo je potreban odmor,
čišćenje

Hajde, znaš kako je, pjesma ima jak korijen,
čemu se praviti da možeš napisati nešto bitno

kao:

moj muž rastavit će se u tuđe muževe
i kad ga ponovno sastavim
pronaći ću samo dno
neizgovorene negacije

STÄRKERE FRAU ODER ÜBER ALLGEMEINE TOPOI DER DICHTERIN

Es ist immer so, wenn wir uns nicht verstehen,
zieht sich der Körper zu einer Einheit zusammen
und das Gehäuse ist zu klein, um die Unruhe zu halten

Eine stärkere Frau schlüpft in einer schwächeren wie eine Schildkröte
an solchen Tagen, an denen in ihr der Regen den Mädchen zuvorkommt
Nachdem ich
die belebten Nöte ausspreche,
recycle ich den Morgen hindurch die Route der Krebse,
die aus dem Netz entkommen sind
wie Emmas Struktur den Männern

Komm, du weißt doch, wie es mit dem Glatteis ist,
du rutschst auf der Schlaflosigkeit aus
und dann durchbohren die Buchstaben die Haut
Und man hätte sich auf den Begriff
der Frauen-Poesie einlassen sollen,
diese Metapher ernsthaft wie eine Fleischmahlzeit zersetzen
und sagen sollen, Vegetarismus ist eine notwendige Pause,
eine Reinigung

Komm, du weißt doch, wie es ist, das Gedicht hat eine starke Wurzel,
warum so tun, als könntest du etwas Bedeutendes schreiben

wie:

mein Ehemann wird sich in fremde Ehemänner auflösen,
und wenn ich ihn wieder zusammensetze,
werde ich nur den Grund
der unausgesprochenen Negation finden

PJESNIKINJA, LJETI

Neizbježnost dana skotrlja se
niz znojna leđa u pjesmu
kao dječja kolica
puna Venerina sumpora i sjete
Možda se nebo otvori jednom
kad nam kihne u večeru
taj pupak predvečerja
pa nahrupe horde vanzemaljaca
koji smrde na pokvarena jaja
I bog,
nečiji vrući rezignirani bog
koji samo zapisuje anegdote
o tome kako krivnju
jer tučemo djecu,
jer tučemo pse,
jer bacamo tek rođene mačiće,
guramo na vrh trepavica maskarom

Ugušit ćemo se u otrovnoj staklenci
ako uskoro netko ne smisli kako odrezati dimnjake
Bit će to jednog sparnog ljetnog popodneva
sličnom onom kad sam dobila prve batine
Muhe su jele komade neba glasnije od mlažnjaka

Psi ne, ali djeca sve pamte
Pamte kako gledaš poprijeko,
pamte sve dodirne točke
šibe i tijela
Što dublje,
što dublje
u slojeve odjeće

Ljeti je najteže
jer se nema gdje
osim u golog sebe

DICHTERIN, IM SOMMER

Die Unausweichlichkeit des Tages rollt
den verschwitzten Rücken ins Gedicht hinunter
wie ein von Venus' Schwefel und Schwermut
voller Kinderwagen
Vielleicht öffnet sich einmal der Himmel,
wenn der Nabel des Vorabends
in unser Abendessen niest
und Horden von Außerirdischen hereinströmen,
die nach faulen Eiern riechen
Und Gott,
jemandes heißer resignierter Gott,
der nur Anekdoten
über die Sünden aufschreibt,
weil wir Kinder schlagen,
weil wir Hunde schlagen,
weil wir neugeborene Kätzchen wegwerfen,
es mit der Mascara auf die Spitzen der Wimpern treiben

In dem vergifteten Glashaus werden wir noch ersticken,
wenn sich nicht bald jemand überlegt, wie man die Schornsteine abschneidet
Das wird an einem schwülen Sommernachmittag sein,
ähnlich wie an dem, als ich meine ersten Prügel bekam
Fliegen fraßen Himmelsstücke lauter als Düsenflugzeuge

Hunde nicht, Kinder aber merken sich alles
Sie merken sich deine schrägen Blicke,
merken sich alle Berührungspunkte
Peitschen und Körper
Umso tiefer,
umso tiefer
in den Kleiderschichten

Im Sommer ist es am schwersten,
weil man nirgendwo anders hingehen kann
außer in das nackte Selbst

DEFINICIJA PJESNIKINJE

Kontrolna točka je ponoć, pisat ću o tome kako
nam je prije nekoliko godina upala u juhu ta imenica
koja je ogolila Pepeljugu, pisat ću o izmišljanju djetinjstva
u deset kvadrata, o svježim krastavcima na sniženju,
gorkom okusu u kojem smo se kupali
kao da će nas nahraniti ljetom

Pružaš mi vrhnje, u hladnoći se utapa zelenilo,
naši prvi krastavci nakon rata, ali malo se sjećam
Ti mi prepričavaš da sam bila brbljava i nezasitna,
da nisam znala reći hvala ili prestati,
da smo od gladi za svježim povrćem
umanjili noć i sjeli joj u krilo kao mačići

Moji su strahovi uvijek bili jednako obojani vapnom,
izjedajući, utišani ponori
Sav taj mrak koji sam držala u kosi padao je u obroke,
nisi ga znala počešljati, nisi ga znala iscijediti,
a ja sam godinama mislila da je dno blizu,
uvijek u beskonačnom padu

U zadnje vrijeme prije sna
u mene navali ono more
koje smo jednom upoznali
Imam kupaći s delfinima koji mogu pojesti
sve zlonamjerne poglede iz dubine

Prestravljena sam spoznajom
da sam daleko od obale,
da sam točka usred plave
i nikad se neću obraniti
od velikog prostora

DEFINITION DER DICHTERIN

Der Kontrollpunkt ist die Mitternacht, ich werde darüber schreiben, wie
uns vor einigen Jahren dieses Nomen in die Suppe fiel,
das Aschenputtel entblößte, ich werde über die Erfindung der Kindheit
auf zehn Quadraten schreiben, über die frischen Gurken im Angebot,
über den bitteren Geschmack, in dem wir badeten,
als würde er uns mit dem Sommer satt füttern

Du reichst mir den Rahm, in der Kälte ertrinkt das Grün,
unsere ersten Gurken nach dem Krieg, ich erinnere mich aber kaum
Du erzählst mir, dass ich plapperhaft und unersättlich war,
dass ich nicht „danke" sagen konnte oder wusste, wann man aufhören soll,
dass wir vor Hunger nach frischem Gemüse
die Nacht verkleinerten und uns wie Kätzchen in ihren Schoß setzten

Meine Ängste waren immer gleichmäßig mit Kalk getüncht,
zerfressende, verstummte Abgründe
Die ganze Finsternis, die ich in meinen Haaren aufbewahrte,
fiel in die Mahlzeiten,
du konntest sie nicht auskämmen, du konntest sie nicht auspressen,
und jahrelang dachte ich, dass der Abgrund nahe sei,
stets im unaufhörlichen Fall

In letzter Zeit strömt vor dem Schlaf
jenes Meer in mich hinein,
das wir einst kennengelernt haben
Ich habe einen Badeanzug mit Delfinen, die
alle boshaften Blicke aus der Tiefe verspeisen können

Ich bin erschrocken von der Erkenntnis,
dass ich weit weg vom Ufer bin,
dass ich ein Punkt inmitten des Blauen bin
und mich niemals gegen den weiten Raum
zur Wehr setzen werde

Još uvijek ponekad prije pjesme
plutam u mokrom mraku
za koji mi se čini
da je bilo koji komad ponoći
u kojoj se lako prevari glad,
ali nikada ne odustajem
od pokušaja da se
odgurnem
o apsolutno ništa

Noch immer treibe ich vor einem Gedicht
ab und an in der nassen Finsternis,
die mir wie ein beliebiges Stück Mitternacht erscheint,
in dem man den Hunger leicht überlisten kann,
ich gebe aber niemals
den Versuch auf, dass ich mich
von dem absoluten Nichts
wegdrücke

PJESNIKINJA JE PROTJERALA ZVIJERI IZ SVOG DVORIŠTA

Ali jučer je vidjela:
otac u parku govori svom petogodišnjaku
da plače kao curica

Jučer je vidjela:
otac u parku za uši povlači prizemljene ptice

U strahu sat vremena sjede na ljuljačkama
i kad ne promatra
skrivenim osmijehom
odlaze u vjetar

DIE DICHTERIN VERTRIEB
DIE BESTIEN AUS IHREM HOF

Gestern aber sah sie:
der Vater im Park sagt zu seinem fünfjährigen Sohn,
dass er wie ein kleines Mädchen weine

Gestern sah sie:
der Vater im Park zieht die herabgeflogenen Vögel an den Ohren

Verängstigt sitzen sie eine Stunde lang auf den Schaukeln
und wenn er sie nicht beobachtet,
schreiten sie mit einem versteckten Lächeln
in den Wind

CRNINA ILI O PJESNIKINJINOM PRISLUŠKIVANJU SMRTI

Sinoć je izbacila iz pregače u kanalizaciju
potopljenu zjenicu, kost koja ne stane u ležište
nakon cjelonoćnog trenja s tuđim kostima,
odahnula i pomokrila jato nerođenih šarana
Možda netko naslućuje
da je mogla voljeti više
nego stane u dvosobne stanove,
ali sad je samo puna nesanice

Odzvanjam kao njeno središte
kad oslonim uho
na vrata njihova stana

Njena crnina titra kao vakuum
na početku svemira

SCHWÄRZE ODER DER VON DER DICHTERIN BELAUSCHTE TOD

Letzte Nacht warf sie aus der Schürze in die Kanalisation
einen versenkten Augenstern, einen Knochen,
der nach der ganznächtlichen Reibung mit fremden Knochen
nicht ins Bett passt,
und sie atmete auf und begoss einen Schwarm ungeborener Karpfen
Möglicherweise ahnt jemand,
dass sie mehr hätte lieben können,
als das, was in Zweizimmerwohnungen passt,
jetzt ist sie aber nur noch voller Schlaflosigkeit

Ich schalle wie ihr Innerstes,
wenn ich mein Ohr
an ihre Wohnungstür lehne

Ihre Schwärze schwingt wie ein Vakuum
am Anfang des Universums

TRI PJESNIKINJE IZ IŠČUPANE MAGNOLIJE

U ovo doba godine ispod kreveta izrastu jutarnje novine
pa pjesnikinje uberu slova

Prva pjesnikinja razborito presađuje jezik
da namami vjeverice,
čudesni repovi puni su državnih poslova
o kojima se ne govori, npr. mirovine su ukradene,
sustav je neodrživ

Druga pjesnikinja otvara konzerve noktima,
iznutra grašak se meškolji,
naš je jezik prastar za tekuća pitanja
Financije su prerasle zelenilo grada
umotanog u pupoljke plastike

Treća pjesnikinja može biti pitoma kao kućna mačka,
ali je svjesna da loše gospodarenje otpadom
čini nemogućim recikliranje,
čak i kad je u pitanju rečenica u srcu stabla

Pjesnikinje skupljaju razočarenja
ulazeći u sve ljude jednako predano,
bez diskriminacije
ne sluteći da moram nanositi šminku
kada idem na posao da se svidim
strojevima koji tiskaju vrijeme
Jutros su iz zemlje iščupali
 magnoliju u cvatu
kako bi posadili bagere

Dugo je ljubičasta bdjela nad cestom,
sad je vrijeme da između nas ostanu
samo teže riječi,
poput betona
na koji ne mogu sletjeti
pjesme

DREI DICHTERINNEN AUS EINER ENTWURZELTEN MAGNOLIE

In dieser Jahreszeit wachsen unter dem Bett morgendliche Neuheiten
und die Dichterinnen pflücken die Buchstaben

Die erste Dichterin verpflanzt mit Bedacht die Sprache,
um die Eichhörnchen anzulocken,
wundersame Schwänze sind voller Regierungsangelegenheiten,
von denen man nicht spricht, z. B. Renten wurden gestohlen,
das System ist nicht haltbar

Die zweite Dichterin öffnet Dosen mit den Fingernägeln,
drinnen zappeln die Erbsen,
unsere Sprache ist zu alt für die laufenden Fragen
Die Finanzen sind dem Grün
der in Knospen aus Plastik eingewickelten Stadt entwachsen

Die dritte Dichterin kann so zahm wie eine Hauskatze sein,
ist sich aber dessen bewusst, dass die schlechte Abfallentsorgung
das Recycling unmöglich macht,
selbst wenn es sich um einen Satz im Herzen eines Baumes handelt

Dichterinnen sammeln Enttäuschungen,
indem sie in alle Menschen mit gleicher Hingabe eindringen,
ohne Diskriminierung,
ohne zu erahnen, dass ich Make-up auftragen muss,
wenn ich zur Arbeit gehe, um den
Maschinen zu gefallen, die die Zeit drucken
Heute Morgen haben sie aus der Erde
eine Magnolie in voller Blüte herausgerissen,
um die Bagger hinzustellen

Lange wachte das Lila über die Straße,
jetzt ist es an der Zeit, dass zwischen uns
nur härtere Worte bestehen,
wie Beton,
auf dem Gedichte
nicht landen können

KRATKI PREDAH ZA TUGOVANJE

Zamisli, usred pravovremene smrti
koja se načas okreće
da pokaže zavidnu figuru u bikiniju
sjedi Szymborska
posuta sitnim šećerom samoće
i odmjerava mi pluća
u strahu od
kancerogene poezije

KURZE ATEMPAUSE ZUM TRAUERN

Stell dir vor, dass inmitten eines vorzeitigen Todes,
der sich für einen Moment dreht,
um seine beneidenswerte Bikinifigur zu zeigen,
Szymborska sitzt,
bestreut mit dem feinen Zucker der Einsamkeit,
und aus Angst vor
krebserregender Poesie
meine Lunge misst

VJETAR ILI O PJESNIKINJINOM BOGU

Osigurači svemira iskočili su,
dogodilo se da nešto brzinom svjetlosti popunjava ništa

Razumijem da je stvar lijenosti, neodrživo je što
eksponencijalno rastemo
Vidiš da nisi sposobna održavati svoje dvorište i onda

Umjesto čišćenja gomilaš duše,
stišćeš atmosferskim tlakom
Imala si dobre namjere, majčinske instinkte, sve znam

Opterećujuća usamljenost,
htjela si da barem žena razumije

Već neko vrijeme znam i da ljudi ne vole
čak ni kad im se ljubav napinje iz jezika

Ništa se ne može s takvim lažljivim riječima
Deportiram ih u ptice, što bliže tebi
da te posramim, da im osjetiš zube

Nekad nam se sretnu oči pa se pokrate nedjelje,
nesnosno uđeš u tijelo
i pomislim da osjetim stvaranje,
nepomirljive razlike

Odavno ne razgovaramo

Samo promatraš
kad navečer
odrežem nokte
i masturbiram

WIND ODER ÜBER DEN GOTT DER DICHTERIN

Die Weltraumsicherungen sind rausgeflogen,
es geschah, dass etwas mit Lichtgeschwindigkeit nichts füllt

Ich verstehe, dass es eine Frage der Faulheit ist, es ist unhaltbar,
dass wir exponentiell wachsen
Du siehst doch, dass du nicht in der Lage bist, deinen Garten zu
erhalten und dann

Anstatt zu reinigen, stapelst du Seelen,
presst sie mit atmosphärischem Druck
Du hattest gute Absichten, mütterliche Instinkte, ich weiß alles

Belastende Einsamkeit,
du wolltest, dass es zumindest eine Frau versteht

Seit einiger Zeit weiß ich, dass die Leute es sogar nicht mögen,
wenn ihnen die Liebe in der Zunge spannt

Mit solchen Lügenworten kann man nichts anfangen
Ich deportiere sie in Vögel, so nah wie möglich bei dir,
damit ich dich beschäme, damit du ihre Zähne spürst

Manchmal treffen sich unsere Blicke und die Sonntage werden kürzer,
unerträglich dringst du in den Körper ein,
und es kommt mir der Gedanke, dass ich die Schöpfung spüre,
unüberbrückbare Differenzen

Seit langem reden wir nicht miteinander

Du beobachtest nur,
wenn ich am Abend
meine Nägel schneide
und masturbiere

PJESNIKINJA PETKOM

Tijekom noći latice se odvoje od posramljenog tijela

Na trbuhu joj zaspi mačka
koja mijauče očišćenu poeziju
bez škripanja jezika
kad kroz njega prolaze
neostvarene pjesme

Očaj ljudi koji posjećuju banke zarazan je kao herpes,
izrasline nemoći opipava pod pazusima
iako pažljivo obriše stol
na koji se nalakte uprljani državom
dok nervozno moljakaju
može li se što učiniti
s tim minusom

Pita se
kad je pitaju što radi treba li reći
da je službenica na šalteru banke
ili pjesnikinja na unutarnje izgaranje
Pjesme su gomilanje stresa u gusjenicu
pa iščekivanje
Kao krediti, na kraju krajeva
Pozajmiš nešto iz dubine
o kojoj se nikad ne razgovara s prijateljima,
a onda vraćaš u većim količinama
nekoj stabilnijoj sebi kojoj se nadaš
Sve je na kraju pitanje vremena:
zima protjerana iz krtičjeg sljepila,
nestrpljivost biljke prije peluda

Ponavljati tu mantru utješnije je
i od neodgodivog proljeća,

DICHTERIN AM FREITAG

In der Nacht lösen sich die Blütenblätter von dem beschämten Körper

Auf ihrem Bauch schläft die Katze ein,
die eine gereinigte Poesie miaut,
ohne mit der Zunge zu knirschen,
während durch ihn
unerfüllte Gedichte hindurchgehen

Die Verzweiflung der Bankbesucher ist ansteckend wie Herpes,
Wucherungen der Ohnmacht tastet sie unter den Achseln,
obwohl sie den Tisch sorgfältig abwischt,
an den sich die vom Staat Beschmutzten lehnen,
während sie nervös betteln,
ob man etwas mit diesem Minus
tun könne

Sie fragt sich,
wenn man sie fragt, was sie macht, ob sie sagen sollte,
dass sie Angestellte am Bankschalter ist
oder Dichterin der inneren Kraftlosigkeit
Gedichte sind das Ansammeln von Stress in der Raupe
und das Warten
Wie Kredite, letztendlich
leihst du dir etwas aus der Tiefe,
über die man nie mit Freunden spricht,
und dann gibst du es in größeren Mengen
einem stabileren Selbst zurück, das du dir erhoffst
Letztendlich ist alles eine Frage der Zeit:
der aus der Maulwurfsblindheit verbannte Winter,
die Ungeduld der Pflanze vor den Pollen

Das Wiederholen dieses Mantras ist beruhigender
als der unaufschiebbare Frühling,

jednokratne ljubavi, novih cipela
Zbilja, utješnije i od bicikla
s pomoćnim kotačima
ili gomilanja masti u bedrima

einmalige Lieben, neue Schuhe
Tatsächlich, sogar beruhigender als ein Fahrrad
mit Hilfsrädern
oder die Fettansammlung in den Hüften

MARIJIN MONOLOG ZA PJESNIKINJU TIJEKOM ZEMALJSKE KAVE

Oči su tu da ne pomisliš kako imaš i usta
za permutacije kruh pašteta gladovanje,
da povjeruješ kako možeš živjeti u pjesmi
jednako uzbudljivo kao i u ptici

Riječi mogu putovati brzinom svjetlosti,
ali osim njih, ništa ne može zacijeliti
tako naizgled istovremeno

Ti si samouvjerena pjesnikinja,
na prstu ti se lome putanje kometa,
ideje da riječi mogu napuniti
dječju glad ili praznu sobu

Iza tebe žene se skupljaju da dešifriraju tragove u kavi,
hoćeš li procvjetati ili se ugasiti,
hoćeš li stati uopće u takav predvidivi talog
Pjesništvo je, parafraziram,
mogućnost da se „tu“ i „bitak“ odvoje,
a kad se jednom odrežeš od svojih prizemnih svojstava
možeš zračiti neometano u svijet
dok ne iščezneš

Ja sam izmišljena
da nitko ne razmišlja o mojim osjećajima
u ime viših ciljeva,
da me nitko ne pita je li i bezgrešno začeće
oblik silovanja,
da mi govore iza leđa, iako znaju da će im otpasti jezici
da mi nameću čak i sreću

MARIAS MONOLOG FÜR DIE DICHTERIN BEIM IRDISCHEN KAFFEETRINKEN

Die Augen sind da, damit du nicht denkst, dass du einen Mund
für die Permutationen Brot Pastete Hunger hast,
damit du glaubst, dass du in einem Gedicht genauso aufregend
leben kannst wie in einem Vogel

Worte können mit Lichtgeschwindigkeit reisen,
außer ihnen kann aber nichts
so scheinbar gleichzeitig heilen

Du bist eine selbstbewusste Dichterin,
auf deinem Finger brechen Kometenbahnen
Ideen, dass Worte den Kinderhunger
oder ein leeres Zimmer füllen können

Hinter dir versammeln sich Frauen, um die Zeichen im Kaffeesatz
zu entschlüsseln,
ob du blühen oder verblassen wirst,
ob du überhaupt in solch einen vorhersehbaren Satz reinpassen wirst
Dichtkunst ist, ich paraphrasiere,
die Möglichkeit, „da" und „sein" zu trennen,
und wenn du dich einmal von deiner irdischen Beschaffenheit gelöst hast,
wirst du ungehindert in die Welt strahlen können,
bis du dahinschwindest

Ich bin erdacht,
sodass im Namen höherer Ziele
niemand an meine Gefühle denkt,
sodass mich niemand fragt, ob auch die unbefleckte Empfängnis
eine Form der Vergewaltigung ist,
sodass sie hinter meinem Rücken reden, obwohl sie wissen, dass ihnen
die Zunge abfallen wird,
sodass sie mir sogar das Glück aufzwingen

I ako se ikada nađeš pred takvim ponorom

traži razvod
i puno skrbništvo

Und wenn du jemals an einem solchen Abgrund stehst,

fordere die Scheidung
und das alleinige Sorgerecht

O PREVODITELJKI

Dr Ivana Pajić (1984) je docent nemačke književnosti, kulture i filma na Institutu za germanistiku Filozofskog fakulteta u Novom Sadu (Srbija). Oblasti njenog interesovanja su: književno prevođenje, interkulturalna književnost na nemačkom jeziku autora sa korenima iz zemalja bivše Jugoslavije, nemački film i nemačka istorija i kultura u interkulturalnom kontekstu. Doktorirala je 2018. na temu „Transkulturalnost u romanu Saše Stanišića *Kako vojnik popravlja gramofon*". Autorka je više naučnih radova, autorka umetničkog kataloga „Paralelne biografije Srbija/Nemačka: identitet i delo" i koautorka istoimenih izložbi prikazanih u Novom Sadu (Srbija) i Budimpešti (Mađarska). Projektni je partner na nekoliko DAAD projekata koji promovišu književno prevođenje i interkulturalni i književni dijalog između (mladih) autora savremene književnosti nemačkog govornog područja i književnosti jugoistočne Evrope.

Über die Übersetzerin

Dr. Ivana Pajić (1984) ist Juniorprofessorin für deutsche Literatur, Kultur und den deutschen Film am Institut für Germanistik der Philosophischen Fakultät in Novi Sad (Serbien). Ihre Interessensgebiete sind: literarisches Übersetzen, deutschsprachige interkulturelle Literatur von AutorInnen mit Wurzeln aus den Ländern des ehemaligen Jugoslawiens, deutscher Film und deutsche Geschichte und Kultur im interkulturellen Kontext. Im Jahr 2018 hat sie zum Thema „Transkulturalität in Saša Stanišićs Roman *Wie der Soldat das Grammofon repariert*" promoviert. Sie ist Autorin mehrerer wissenschaftlicher Arbeiten, Autorin des Kunstkatalogs „Parallelbiografien Serbien/Deutschland: Identität und Arbeit" sowie Koautorin der in Novi Sad (Serbien) und Budapest (Ungarn) gezeigten gleichnamigen Kunstaustellungen. Sie ist Projektpartnerin mehrerer DAAD-Projekte die das literarische Übersetzen sowie den interkulturellen und literarischen Dialog von (jungen) AutorInnen der gegenwärtigen deutschsprachigen und südosteuropäischen Literatur fördern.

Sadržaj || Inhalt

Prolog za ginofobe
Prolog für Gynophobe || 7

●

Marijin monolog za Veneru tijekom nebeske kave
Marias Monolog für Venus beim himmlischen Kaffeetrinken || 13

Tijelo
Körper || 17

Pripreme tijela
Vorbereitungen des Körpers || 19

Lov
Jagd || 21

Lovostaj
Jagdverbot || 25

Prvorazredna ptica
Erstklassiger Vogel || 27

Pjesma s dvije nepoznanice
Gedicht mit zwei Unbekannten || 31

Maryam Mirzakhani tri beskonačnosti slaže na kruh uz sir i majonezu
Maryam Mirzakhani stapelt drei Unendlichkeiten auf das Brot mit Käse und Mayonnaise || 33

Teorem Emmy Noether naučila sam na faksu
Emmy Noethers Theorem habe ich an der Uni gelernt || 35

Demetra nakon uzaludne potrage
Demeter nach der vergeblichen Suche || 37

Zvijeri u Izraelu ostavili su mi kćer da umre na cesti
Bestien in Israel ließen meine Tochter auf der Straße sterben || 39

Zvijeri u Zagrebu kćer su mi posadili da bude drvo na Medvednici
Bestien in Zagreb platzierten meine Tochter, damit sie ein Baum auf Medvednica wird || 41

Ja, zvijer u svom stanu, ubila sam kćer nekoliko mjeseci nakon poroda
Ich, die Bestie in meiner Wohnung, tötete die Tochter einige Monate nach der Geburt || 43

Drugorazredni otac
Zweitklassiger Vater || 45

Lisbeth Salander promišlja vatru
Lisbeth Salander betrachtet das Feuer || 47

Lise Meitner razbija uran, atomska bomba grize ocean
Lise Meitner zersetzt Uran, die Atombombe beißt den Ozean || 49

Kratki predah za izlazak u dvorište
Kurze Atempause, um in den Hof zu gehen || 53

Muhe
Fliegen || 55

Antitijelo
Antikörper || 57

Mačke
Katzen || 59

•

1940. Nada Sremec piše da žene po selima umiru od abortusa nekontrolirano kao u Africi
1940 schreibt Nada Sremec, dass die Frauen in den Dörfern wegen Abtreibungen unkontrolliert sterben wie in Afrika || 63

Ana Magaš useljava u zvijezdu nakon ubojstva muža zlostavljača u samoobrani
Ana Magaš zieht in den Stern nach der Ermordung ihres missbräuchlichen Ehemannes in Notwehr || 65

Aileen Wuornos rekonstruira probijanje zvučnog zida pucnjevima
Aileen Wuornos rekonstruiert mit Schüssen das Durchbrechen der Schallmauer || 69

Meduza popravlja samopouzdanje radeći pletenicu od zmija
Medusa stärkt das Selbstbewusstsein, indem sie einen Zopf aus Schlangen macht || 71

Europa nikad ne govori o pretrpljenom nasilju
Europa spricht nie über die erlittene Gewalt || 75

Herina soba
Heras Zimmer || 77

Duša Jyoti Singh pije kavu kraj mene i upozorava me na promatrača iz kojeg može izrasti šipka
Jyoti Singhs Seele trinkt neben mir Kaffee und warnt mich vor dem Beobachter, aus dem eine Stange herauswachsen kann || 79

Kratki predah za uskrsnuće
Kurze Atempause für die Wiederauferstehung || 83

Kvantna Pepeljuga
Quanten-Aschenputtel || 85

Princeza je u jednoj od mogućih stvarnosti evoluirala u žrtvu obiteljskog nasilja
Die Prinzessin ist in einer der möglichen Realitäten zum Opfer häuslicher Gewalt evolviert || 89

Mary Jane Kelly i Ana (17, Osijek, ostavljena da iskrvari) promišljaju oštricu
Mary Jane Kelly und Ana (17, Osijek, dagelassen um auszubluten) denken über die Klinge nach || 93

Sklonište za žene
Frauenhaus || 95

2016. Višnja Ljubičić izvještava kako je u zadnjih deset godina u Hrvatskoj ubijeno gotovo tri stotine žena
2016 berichtet Višnja Ljubičić, wie in den letzten zehn Jahren in Kroatien fast dreihundert Frauen getötet wurden || 97

•

Emancipacija pjesnikinje
Emanzipation der Dichterin || 103

O prvom susretu pjesnikinje i pjesme
Von der ersten Begegnung der Dichterin und des Gedichts || 105

Ta pjesma, to nikako nisam mogla biti ja
Das Gedicht, das keinesfalls hätte ich sein können ||109

Još jedna pjesma s dvije nepoznanice
Noch ein Gedicht mit zwei Unbekannten || 113

Pjesnikinja ne, ali Maria Goeppert Mayer mogla je neometano sanjati atomske jezgre
Die Dichterin nicht, aber Maria Goeppert-Mayer konnte ungestört von Atomkernen träumen || 115

Adu Lovelace izjeda računalna logika, kasnije Ada izjeda Turinga
Ada Lovelace zerfrisst die Computerlogik, später zerfrisst Ada Turing || 119

Teleskopi Jocelyn Bell približavaju pjesnikinji prazninu
Die Teleskope von Jocelyn Bell bringen der Dichterin die Leere näher || 121

Vlakovi ili O ljubavi pjesnikinje prema Vronskom
Züge oder Über die Liebe der Dichterin zu Wronskij || 125

Jača žena ili O općim mjestima pjesnikinje
Stärkere Frau oder Über allgemeine Topoi der Dichterin || 127

Pjesnikinja, ljeti
Dichterin, im Sommer || 129

Definicija pjesnikinje
Definition der Dichterin || 131

Pjesnikinja je protjerala zvijeri iz svog dvorišta
Die Dichterin vertrieb die Bestien aus ihrem Hof || 135

Crnina ili O pjesnikinjinom prisluškivanju smrti
Schwärze oder der von der Dichterin belauschte Tod || 137

Tri pjesnikinje iz iščupane magnolije
Drei Dichterinnen aus einer entwurzelten Magnolie || 139

Kratki predah za tugovanje
Kurze Atempause zum Trauern || 141

Vjetar ili O pjesnikinjinom bogu
Wind oder Über den Gott der Dichterin || 143

Pjesnikinja petkom
Dichterin am Freitag || 145

Marijin monolog za pjesnikinju tijekom zemaljske kave
Marias Monolog für die Dichterin beim irdischen Kaffeetrinken || 149

O prevoditeljki
***Über die Übersetzerin* || 153**